边界路漫漫

靳尔刚 著

商务印书馆
2011年·北京

图书在版编目(CIP)数据

边界路漫漫/靳尔刚著.—北京:商务印书馆,2011.5
ISBN 978 - 7 - 100 - 08355 - 3

Ⅰ.①边… Ⅱ.①靳… Ⅲ.①政区—疆界—勘测—工作概况—中国 Ⅳ.①K928.2

中国版本图书馆 CIP 数据核字(2011)第 091701 号

所有权利保留。
未经许可,不得以任何方式使用。

边界路漫漫
靳尔刚 著

商 务 印 书 馆 出 版
(北京王府井大街36号 邮政编码100710)
商 务 印 书 馆 发 行
三河市尚艺印装有限公司印刷
ISBN 978 - 7 - 100 - 08355 - 3

2011年7月第1版	开本 787×960 1/16
2011年7月北京第1次印刷	印张 14

定价:35.00元

搞好勘测

利国利民

李鹏

一九八〇年七月十一日

勘界感怀

俊采向野去
载月荷囚归
五载风霜路
励人无悬碑

新东刚
二〇二一年九月

国务院勘界工作领导小组办公室成员

国务院勘界办主任
李宝库

国务院勘界办副主任
靳尔刚

国务院勘界办副主任
张明亮

国务院勘界办副主任
宋继华

国务院勘界办副主任
陈继选

写在前边

在中国历史上,第一次由中央政府组织全面勘定省、县两级行政区域界线;第一次由界线双方人民政府签订了联合勘定的行政区域界线协议书并由中央、省两级政府批复;第一次在实地竖立了署名国务院的省、县两级标准界桩;第一次形成了一整套省、县两级行政区域界线勘界成果档案。

党中央、国务院高度重视勘界工作。1995年底,国务院召开了全国勘界工作会议,成立了勘界工作领导小组,对全国的勘界工作进行了部署,要求用五年时间,完成全国省、县两级陆地行政区域界线勘定任务。广大勘界工作者不辱使命,经过上上下下、方方面面的艰苦努力,按时勘定了陆地省级行政区域界线68条、总长6.24万公里;县界6300多条、总长41.6万公里。这是一项功在当代、利在千秋的伟大事业。

勘界是一项极其复杂的工作,纵向涉及各级政府,横向涉及各有关部门,特别是直接关系到界线两侧千千万万人民群众生产生活的切身利益,来不得半点含糊和大意。

勘界是一项极其艰难的工作,一是工作难度大,一些长期积累的边界争议造成了边界地区关系紧张,情绪对立,双方都不愿也不敢轻易妥协;二是工作强度高,历史上没有全面开展过勘界工作,要在短短几年内完成,时间紧、任务重,广大勘界工作者承担超负荷的工作量;三是环境艰苦,尤其是中西部地区多高山大川，环境恶劣，交通不便，很多地方要长时间步行跋涉才能到达。但广大勘界工作者有着高度的责任感和事业心，从边界地区双方群众的根本利益出发认真解决边界问题，实事求是，顾全大局，坚持原则，任劳任怨，不畏艰险，勇于奉献，顶风寒、冒酷暑，爬高山，涉大川，披星戴月，风餐露宿，踏遍千山万水，吃尽千辛万苦。应该说，全国每一位勘界工作者都有催人泪下的故事，都有一段不平凡的经历。

笔者是成千上万个勘界工作者中的一员。有幸经历了全国正式勘界以来的全过程，又很侥幸地被中国纪录证书鉴证委员会收入《中国纪录年鉴》，获得了中国纪录证书。对此，《中国社会报》、《中国方域》杂志都有报道。这引起了我外事司的同事、一些朋友、我的弟弟书柳和靳芳、靳桐等孩子们的兴趣，他们知道我过去管过勘界，但不知我在国家勘界工作中做些什么。他们看到我写的几本书，问我为什么不写本勘界的书。其实我在勘界过程中积累了不少资料，因念供职的时间还有两年，退休后写还来得及，这是我故而迟迟没有动笔的原因。后来，与我同写过书的挚友苏华先生来京，也劝我早些着手写勘界的事，并承诺尽力协助。在众亲友、同事的撺掇之下，工作之余我又"爬起了格子"。需要说明的是：书中所写都是我亲身经历的勘界片断，由于边界问题敏感性强，很多东西暂时不能公开。对所涉及的人和事，尽量注意了"谨慎从事"，但难免会有纰漏。如果有什么错误或不恰当的地方，诚望得到大家的指正和帮助。我忘不了那些过去与我同甘共苦的勘界同事们。我常以他们为荣，他们都是国家的勘界功臣。现在我有幸能够提笔捉刀，却不能一一为他们在书中立传，即使是提到了，又是给我当起了"配角"。

撰写这本书，旨让使更多的人了解中国的勘界情况，了解广大的勘界工作者的艰辛，了解国家公务员在执行公务活动中是如何效力国家的。仅此而已！

目 录

一、经纬万方　千古一划——勘界工作 …………………………… 1

二、全面勘界开始，重重舆论压顶 ………………………………… 21

三、拿下第一条"贯通线"，冒险挺进"无人区"中 ………………… 41

四、两上小秦岭，消解金矿争议于无形 …………………………… 66

五、不因划界而扰民　吉黑线勘界创出新经验 …………………… 88

六、沪浙线难题多　两头满意成效大 ……………………………… 106

七、上山容易下山难，不下到现场难"断案" ……………………… 122

八、苦登海螺岭，贯通闽赣线 ……………………………………… 138

九、再度七里湖涉水，解决苏皖遗留问题 ………………………… 148

十、小小湖泊争议焦点——国务院直接裁决红碱淖 ……………… 166

十一、勘界尚未全部结束　提前撰写篇"总结" …………………… 183

鸣谢 …………………………………………………………………… 206

一

经纬万方　千古一划
——勘界工作

与国务院勘界工作领导小组副组长、民政部部长多吉才让同志(右)合影

一　经纬万方　千古一划——勘界工作　3

作者(左一)登上舰艇去慰问海军

1993年"八一"建军节,我(时任民政部优抚司副司长)率团赴北海舰队进行慰问。刚刚回到北京,部长多吉才让即找我谈话,说部党组决定调我到行政区划和地名管理司工作,听取一下个人意见。当时我没有一点思想准备,很不情愿地说,既然党组已经决定,那我就服从吧!

说实话,尽管优抚司和区划司同在一个部委,但业务上从不搭界,平时也很少往来。一下子离开我工作了14年的优抚工作岗位,到一个业务陌生的新工作单位,心里还真觉得有点别扭。静心一想,服从组织安排是党的规矩,对我们党员个人来说是一种"惯性"。既然是组织的决定,自然有其道理。

来到行政区划和地名管理司(后改为区划地名司)上班后,根据司长办公会决定的责任分工,我重点负责抓"边界"工作。当时,这个司的主管业务是三大项:一是县以上政区的区划调整,包括

慰问海军后,在军舰留影

拟定行政区划总体规划；负责县以上政区的设立、撤销、调整、更名及政府驻地迁移的审核报批；负责省、自治区、直辖市、特别行政区的排序及简称的审核报批。二是地名管理，即承办县以上行政区划名称、重要的自然地理实体、国际公有领域、天体地理实体和边境地名命名、更名的审核报批；拟定少数民族语地名和国外地名的汉字译写规则；规范全国地名标志的设置和管理；负责国内外标准地名图书资料的审定等。三是边界管理，重点是组织、协调、指导省县级行政区域界线的勘定和管理；负责省际边界争议的调查和调处。司长办公会确定我分管边界工作的理由很简单，一是年轻，二是当过兵，不怕吃苦和懂军事地图。三位司领导中相比我算是年轻的了，时年 47 岁。至于是否懂军事地图，那就很难说了。充其量是在部队当战士时摸过"方位角"而已，一进大山我连东西南北都分不清，考大学答地理考卷时，过日界线（国际日期变更线）计算时区的时差我都没把握答对，至今还没整明白。边界办的工作人员，有的是学地理的研究生，有的是从军队转业来的专业测绘人员，相比之下，在读图方面我简直是小巫见大巫了。既然已服从组织调动，又怎么能不服从工作分工呢？

当时，司里负责边界的业务部门全称为"民政部调处行政区域边界争议办公室"。级别不高，但处理边界事宜权限较大，是代表民政部的，属司里的代管单位。为了理顺业务关系，1993 年 9 月 27 日，

笔者同时任司长张文范（右）
出席全国勘界工作会议

趁机关重新设置机构之机,更名为"边界办公室"。行政区划和地名管理司也改为"区划地名司"。边界办公室由区划地名司直管。

我新来乍到,照常规首先是熟悉一下业务,听取边界办公室的工作情况介绍。真是"不听不知道,一听吓一跳"。原来我国的省与省、县与县之间的行政区域界线有史以来从未全面勘定过。自从秦开始实施郡县制以来,各个朝代对行政区域界线的管理都很粗略。一般只有"四至"、"八到",从来没有明确的边界线。正由于此,新中国成立以来各地要求调处争议的备案报告逾八百多件。实际争议及由争议引发的械斗事件不下千起。边界争议一旦发生,因矛盾错综复杂,往往愈演愈烈,酿成许多流血事件,给人民群众的生命财产带来很大损失。旷日持久的争端,严重影响了当地的安定团结,破坏了边界地区乃至国家的稳定。争议的范围涉及面很广,有土地争议、草场争议、林权争议、矿产争议、水事争议等等。我们边界办这么几个人,根本无法应付。累死累活,往往还是劳而无功,遇到大的争议难题,一年半载都不一定拿得下来。听到这些,我还真有点犯难了。我问:"地图上蓝一块、紫一块、黄一块的不是都标明了各省的面积和边界了吗?"边界办的同志告诉我,那是中国地图,而不是中华人民共和国行政区划图。至今我国仍没有一张标准的行政区划图。地图上那些省际边界线,只有5%是法定线,而95%的是权宜划法,或者叫权宜线。争议线就是产生在权宜线上。换句话说,只要国家没有把省界法定下来,习惯线、权宜线随时都可能演化为争议线。

我终于明白了,全国陆地省级行政区域界线68条,总长6.24

万公里,县级行政区域界线 6300 多条,总长 41 万多公里,真正的法定线寥寥无几。如果国家不把它们一一法定下来,边界争议随时随地都可能发生,为资源争夺而引发的械斗,就在所难免了。

划定边界数十万公里的艰苦长征路,真可谓是风萧萧路漫漫。

眼下,边界办的工作一是处理国务院交办的边界争议突发事件;二是逐步推动勘界试点工作的进展。勘界"试点"引起了我的很大关

野外勘界调查记录

注。尽管我对边界外行,但我知道调处一起边界争议最多只能法定零点几公里到十几公里,而且需要经过与相邻的争议县协商,与两省政府协调,经民政部研究同意后向国务院起草报告,再经国务院领导审议批准后发出通知才算法定下来。如此的工作程序且不说有多复杂,单就边界办的工作人员从受领调处任务始,到拟定调处方案、赴实地进行调查、逐级协调认可,到正式办文呈报就会耗去太多的时间和精力。个中的困难、艰苦、劳累、冤屈,只有边界办的调处人员最清楚。他们概括的一句话是"费力不讨好"!因为一旦发生了争议,边界办千辛万苦拿出的解决方案,如一方赞成一方反对,那说明方案有偏差;双方都赞成,则从来没有过;如果双方都反对,基本上就算公平了。因此叫费力不讨好。在以后的勘界实践中,我还真的领悟到了其中的奥秘。

调处边界争议仅是治表之法,治本之道是全面法定省界、县界,勘界试点就是为全面勘界趟出路子。在全国60多条省界中,我们挑选出了6条线作为试点。这6条试点线的大致进展情况是:

冀鲁线 界线长度500公里,已定400公里;应埋设界桩228个,实埋设185个;应测绘的边界线公里数为500公里,实测数为442.5公里。其中由河北方面负责埋设的界桩共为104个,实埋设102个;应测绘的边界线公里数为250公里,已实测完毕。由山东方面负责埋设的界桩共124个,实际埋设83个;应测绘的边界公里数为250公里,实测192.5公里。遗留的问题主要有:(一)对"三角地"和陆海分界处的界桩位置问题的处理意见尚未落实;(二)双方有关县市的协调也没有进行签字,大部分县市竟连联合实施方案都未签字;(三)一些资料的手续不齐全。就已勘定的界线尚未进行验收。

蒙吉线 界线长度为856公里,已定691公里;应埋设界桩267个,实埋设187个;应测绘的边界线公里数为856公里,实测数为503公里。其中由内蒙古方面负责埋设的界桩为142个,实际埋设124个;应测绘的边界公里数为422.8公里,实测数为355.8公里。由吉林方面负责埋设的界桩为125个,实际埋设63个;应测绘的边界公里数为433公里,实际测绘148公里。遗留问题主要有:(一)双辽与科左中旗接壤地段约105公里,因双方意见分歧太大,难以统一,故此地段尚未确定;(二)"白城靶场"地段60公里,仍存争议;(三)勘界资料尚未集中,有些手续还不完整。已勘定的界线尚未进行验收。

蒙宁线 界线长度850公里,已定850公里;应埋设界桩150个,实埋设150个;应测绘的边界线公里数为850公里,实测数850公里。其中由内蒙古方面负责埋设的界桩为95个,实际埋设95个;应测绘的边界线公里数是480公里,实测数480公里。由宁夏方面负责埋设的界桩共55个,实际埋设55个;应测绘的边界线公里数为370公里,已实测完毕。应该说这条界线已基本上实现了全线贯通,但为什么说还没有勘定呢?边界办负责这条线的同志说,表面上看是完成了,但实际上双方仍各持己见,蒙宁两区对"五九"边界协议的文与图理解不一致,有关县市旗对一处叫刀泉石下井的地方界线走向存有分歧,因此双方迟迟不对已勘定的界线进行验收。因此说蒙宁线不算全线勘定。

陕宁线 界线长度是175公里,已定141公里;应埋设界桩64个,实际埋设0个;应测绘的边界线公里数为175公里,实测数0公里。其中由陕西方面负责埋设的界桩共为32个,实际埋设0个;应测绘的边界线公里数为84公里,实测数为0公里。由宁夏方面负责埋设的界桩共为32个,实埋数为0个;应测绘的边界公里数为91公里,实测数为0公里。勘界试点进展缓慢的原因主要是陕西定边县宪儿庄群众对"北京协议"反映强烈。再者是因为56号至60号界桩之间的界线因双方群众交错居住和生产,界线一时半会儿难以理清,所以尚未确定。

甘宁线 界线长度是1406公里,已定1089公里;应埋设界桩353个,实埋数206个;应测绘的边界线公里数为1406公里,实际测绘815公里。其中由甘肃方面负责埋设的界桩共为177个,实际埋设103个;应测绘的边界线公里数为700公里,实际测绘385公里。由宁夏方面负责埋设的界桩共为176个,实际埋设103个;应测绘的边界线公里数为700公里,实际测绘429

公里。遗留的问题主要是：环县与同心县的土地争议，环县与盐池县的土地和石灰石矿争议，庄浪县与泾源县对六盘山森林的争议，景泰县与中卫县石膏矿争议，靖远县与中卫县的土地和盐田争议，几处争议相加，共有 300 多公里的界线尚未确定。验收情况为：对 815 公里测绘过的地段已验收。

青新线 界线长度是 910 公里，已定 743 公里；应埋设界桩 26 个，实埋数 9 个；应测绘的边界线公里数为 910 公里，实测数为 747 公里。其中由青海方面负责埋设的界桩共为 13 个，实际埋设 4 个；应测绘的边界线公里数为 566 公里，实测数为 485 公里。由新疆方面负责埋设的界桩共为 13 个，实际埋设 5 个；应测绘的边界线公里数为 344 公里，实测数为 262 公里。遗留的问题主要是茫崖石棉矿区地段的 162.9 公里界线，因双方争议较大，无法确定。勘界成果验收情况为：双方对所有资料已进行了自查互校。

由此看出，勘界试点进行得十分艰难，但它是个很了不起的壮举，是共和国俯瞰历史，实行依法治国的基础性探索之一。在勘界试点的工作实践中已积累了宝贵经验和教训，看到了法定边界线的时代曙光。勘界试点从 1989 年开始，到我上任时（1993 年）共历经 5 年，勘界人所付出的心血，所取得的这一历史成就，应该说是闪烁光芒而功不可没的。当时要求三年完成试点任务，显然与客观实际存有差距。我鼓励边界办的同志们，你们这么几个人，边应付边界争议的调处事务，边抓勘界试点工作，走到这一步已十分地不容易。既然是试点，那就可以允许成功，也可以允许失败。6 条试点线既可以百分之百地勘定，也可以暂时放下最难啃的"骨头"，从中找出教训，调适或改进试点期间的勘界方法与政策。为维护中央国家机关的权威性,不能把试点搞成"胡子工程",我们边界办的下一步工作重点,就是集中力量搞好勘界试点收尾工作。这一提议我们把意见汇总后得到边界办同志们的一致赞成。事后,向分管区划地名业务的阎明复副部长作了汇报,得到他的大力支持。阎部长说:"基本完成勘界试点工作的标准有两条:一是完成已定行政区域界线的整理和联合上报审批工作;二是提出对遗留问题的处理意见。试点工作如果能够达到这两个标准,试点线的大局也就稳定了。通过试点,总结出一套切实可行的、有指导价值的经验来,勘界试点目的也就达到了。"

遵照阎部长提出的要求,我同边界办公室的同志一起,对6条试点线逐一到实地进行核查,听取相邻两省(区)勘界部门的意见。对遇到的勘界难题,能协调解决的就协调解决,一时不能

作者(前中)到实地勘察

解决的,就到有争议的实地进行踏勘,把问题摸清楚。凡已勘定

一　经纬万方　千古一划——勘界工作　11

的地段,需埋设界桩而尚未埋设的,都提出限期埋设和测绘要求,需要汇总资料的省(区),部勘界办公室都要派人帮助汇总。在这段日子里,我真正体会到了勘界人的苦和累。尤其是实地踏勘,起早贪黑、风餐露宿的不说,由于边界未划定,双方都不投资开发,边民为争夺资源乱采乱挖,破坏性的断道筑垒随处可见,别说通车,就是行走都很艰难,为了掌握真实情况,不爬山越岭的还真不行。难怪边界办的同志借助老乡的话调侃自己说:"远看像勘探的(有时需肩抗背驮测量仪),近看像讨饭的(衣衫褴褛,不修边幅),谈起工作来才知道是中央勘界办的。"这就是勘界工作和勘界人!一次,我和边界办主任宋继华与一名干部去了解蒙陕线情况,挤住在蒙陕边界一个乡里,一间不足15平米的房间,三人中两人打呼噜,闹得我无法入眠。供的饭菜是米饭土豆加盐。这是我任职副司长8年来第一次受到这样的"礼遇"。他们说:能吃上热饭就算不错了,啃面包吃榨菜喝矿泉水是我们的强项。这种性质的工作是中央国家机关工作人员很难想象的。为了国家和人民的利益,边界办的同志能够做到这样的付出,不由得让人生出敬佩之情。后来我任国务院勘界办副主任后,努力改善勘界工作人员的待遇,发给大家野外勘察补助费,强调勘界工作人员注意自身形象等问题,此为后话。

经过上上下下的共同努力,勘界试点收尾工作已基本做到心中有数,而且试

作者(左三)在兰州主持
勘界试点收尾工作会议

点收尾工作的时机也比较成熟。经征得阎部长同意,我们于

1994年6月27日—29日在兰州召开了全国勘界试点收尾工作会议。由我主持了会议,并代表阎部长就如何做好收尾工作做了重点部署。会议期间,还举行了《甘肃省人民政府与宁夏回族自治区人民政府行政区域界线联合勘定协议书(第一号)》签字仪式。甘肃省省长助理孔令鉴、宁夏回族自治区副主席任启兴分别代表所在省、区政府在协议书上签了字。这是勘界试点线中第一条完成已定界线的界桩埋设、测绘、成果资料检查验收及整理工作的试点线,为全国勘界试点收尾工作带了个好头,并为会议增添了祥和气氛。

兰州会议后,各勘界试点省、区迅速行动起来,办实事、讲实效,使得试点收尾工作达到了预期成效。对此,我们向国务院写出了总结报告(稿),认为三年的试点任务,在第六个年头上画了句号,总算有了终点。1995年9月29日,国务院有关部委勘界试点工作联席会议第三次会议一致通过《关于勘定省级行政区域界线试点工作的总结报告》,正式上报国务院。

这份报告中提到:现已勘定省界3800多公里,占试点界线总长度的82%;蒙宁、陕宁、冀鲁3条线实现全线贯通,甘宁、青新、吉蒙3条线绝大部分也已经勘定,个别遗留问题待条件成熟时逐步加以解决。8个三省(区)边界"交会点"确定了7个。省内县级界线的勘定工作也取得了很大成绩。新疆、甘肃、内蒙古、青海、西藏、吉林、黑龙江、四川等省区相继进行了省内县级勘界工作,已定界线3万多公里。

勘界试点受到了边界地区群众的普遍拥护,被认为是政府为边界地区的群众办了一件好事、实事。实践证明,勘界是解决边界争议的根本出路。凡已正式勘定界线的地区,没有出现新的边界争议,对边界地区的经济发展、社会稳定、民族团结,起到了重要的保障作用;开展勘界工作不仅是必要的,而且是可行的。尽管这项工作难度很大,只要领导重视,组织得好,措施落实,从根本上解决全国的边界问题是可以实现的。

对于勘界试点中出现的问题,在报告中也实事求是地进行了总结:(一)勘界机构不适应实际工作需要。勘界工作纵向涉及各级政府,横向涉及各个部门。仅靠民政业务主管部门很难推动工作,难以处理勘界中发生的重大问题。因此,尽管做了大量工作,但往往感到力不从心,有些问题经过多次协调仍不能解决,直接影响了勘界进度。(二)工作班子力量不足。民政部边界办公室只有8名编制。几年来,绝大部分精力投放在勘界试点上,同时还要完成国务院交办的全国各地的边界争议,由于人手严重不足,形成顾此失彼、"小马拉大车"的局面。(三)勘界经费不足。1989年,中央财政解决的勘界试点经费是按当时的物价标准下拨的。几年来,勘界所需材料价格上涨幅度不断加大,随着勘界工作的不断深入,各类协调、调处会议增多。因此,尽管民政部根据工作进度按时下拨了经费,各试点省区政府也从地方财政给予了支持,但仍不能保障实际工作需要。上述问题的出现,严重影响了勘界的进程,这也是勘界试点原定三年的任务,而实际用了六年才基本完成的主要原因。

随着勘界试点工作的结束,中国各省区县间传统边界线上法无定法的历史翻开了新的一页。仅仅几个三省交会点和几条全线贯通的边界线,就标志着一个绵延数千年的习惯线时代结束了。法定省界县界的历史重任,从中华人民共和国成立始。界线的长短与勘界试点计划是两个不同的概念,对于力主勘界的人来说,能够陪伴自己尊崇的一种思想、一种希望、一种理解,在勘界试点的路上走上一段试探性的提速之路,已是对历史障碍的一种超越。就已经法定的几条省际边界线来说,那是数代人的梦想成真;至于因争议而不能定界的地段,那又是深情急切之人深感遗憾的伤心落泪之地。事实证明,已经法定的边界地段,昔日那种人喊马嘶的纷争械斗场面已经看不到,望不见,由此带来的安宁却已在中国政治舞台上起到了不寻常的作用,也已成为一个现代国家在行政管理方面步入法制管理的象征。

《关于勘定省级行政区域界线试点工作的总结报告》上呈后,国务院领导高度重视,国务委员李贵鲜、国务委员兼国务院办公厅秘书长罗干、副秘书长刘济民先后听取了关于边界工作的情况汇报。之后,我们于1995年4月向国务院正式上报了《关于开展全面勘定行政区域界线工作的请示》。国办秘书三局通知民政部就"请示"文到国务院进一步作具体汇报。能否在全国全面开展勘界,国务院领导拍不拍板,此次汇报非常重要。依照常规,做这样的汇报或说明应由部长或副部长去做,部领导的意见是先由业务司长汇报,他们做必要的补充说明。我是分管边界工作的副司长,主汇报一般情况下没我的分儿。司长说勘界试点收尾工作情况掌握得不多,建议由我主汇报。此事由部长拍板定了下来。尽管我具体组织了"试点总结报告"文件与"全面勘界请示"文件的起草工作,但汇报涉及两个多亿的勘界经费,在机关刚精简不久又要求增加公务员编制,还要成立国务院勘界领导机构等,深感责任重大。国务院领导同志工作繁忙,时间宝贵,不可能事无巨细地展开谈,而要把汇报的关键点抓住,所讲的每句话,都有录音备案。我所经历的事情往往是,当有充分准备之时反而派不上用场,当无任何准备之际事情却突临头上。能否有"应变"能力,这是对干部素质的一种考验,全方位地思考问题是每一位领导者所必备的一种工作能力。

1995年7月19日,民政部部长、副部长及有关司局长来到国务院第三会议室,就开展全国勘界的几个关键问题由我向领导同志作了情况介绍。我汇报说,民政部把全面勘定省、县两级行政区域界线的工作列为1995年民政工作中几项重点工作的重中之重,经过部长办公会议几次讨论,于1995年4月13日正式向国务院报送了《关于开展全面勘定行政区域界线工作的请示》。之后,就勘界工作涉及的几个重要问题先后向刘济民副秘书长、财政部有关司局、中编办有关负责同志作了情况介绍和汇报。当前勘界工作亟须解决以下三个问题:首先,几年的勘界试点和有关省份的勘界实践证明,中央一级没有一个有权威的勘界领导组织,开展勘界工作是十分困难的。这是因为勘界工作要合乎法定程序。《宪法》第八十九条十五款规定:国务院行使批准省、自治区、直辖市的区域划分,批准自治州、县、自治县、市的建制和区域划分的职权。所以,省、县两级行政区域界线依法应由国务院组织勘定。民政部及有关部门只是国务院的业务职能部门,由于职权所限,在勘界工作中每遇到重大问题,只能调处不能裁定。如果国务院成立一个勘界领导小组,就可以代表国务院行使其职权。这样,勘界工作不仅符合法定程序,而且从组织领导上对勘界工作的顺利开展提供了重要保证。我接着汇报说,从全面勘界的任务来看,全国省际界线68条、总长6万余公里,勘界试点期间完成了6条陆地省级界线,目前还有62条、约5万多公里。县界约44万公里,尚未依法勘定,任务十分艰巨。如果不建立一个有权威的国务院勘界组织机构,不仅难以协调同各省的关系,而且要在5—7年时间完成省、县两级行政区域界线的勘定,是非常困难的。以1989年开始的6条试点线来说,原计划三年完成,由于中央没有建立这样一个权威性的机构,拖了六年,费了很大力气才基本完成收尾工作。另一方面,从全面勘界工作的性质来看,勘界在很大程度上是要解决边界争议。民政部作为国务院的行政职能部门,没有裁决的权力,因此,很难协调解决省际边界矛盾。所以说,仅靠业务主管部门难以推动全面勘界工作的开展。对此,我们建议成立国务院勘界工作领导小组,组长由国务院一位领导担任,国务院一位副秘书长和民政部长任副组长,勘界成员单位由与边界工作密切相关的单位,即民政部、国家民委、公安部、林业部、农业部、水利部、地质矿产部、国家土地管理局、国家测绘局、国家海洋局等有关部门的负责同志组成。勘界工作领导小组的职责,已在

右一:
国务院勘界工作领导小组副组长
多吉才让(民政部部长)
右二:
国勘办主任
李宝库(民政部副部长)
右三:作者

报送国务院的"请示"文里写明。

关于成立国务院勘界领导小组一事，国务委员李贵鲜同志当即表示了同意。他认为勘定省界是件大事，组长应由总理或副总理担任。他还就勘界的指导原则提出一个构想："勘界能否下放到省，以省为主进行勘定？我们的主要任务是进行组织工作。"参加汇报的同志均表示赞成。

接下来汇报的是勘界经费问题。1995年6月，民政部同财政部有关部门交换了意见，他们表示支持全面勘界工作，同时提出省界的勘界经费由中央和地方财政分别负担的初步意见。我们认为，全面勘界不仅涉及省界，还要完成约44万公里县界的勘界任务。因此，在经费方面不能沿用省界试点期间中央和地方分担的办法。省县两级行政区域界线都是由国务院管理的，勘界经费应由中央财政负责。考虑到国家财政情况，我们提出了"任务分级承担，经费分级负责"的原则，也就是省界由国务院组织勘定，经费由中央财政安排；县界由省、自治区、直辖市组织勘定，经费由地方财政负责解决。初步预算，按每公里2800元计算，勘定省界需要中央财政下拨专项经费总计1.47亿元。这笔款项不是一步到位，而是根据各地工作进展情况，分年度从预算中安排拨款。

至此，李贵鲜同志表示："勘定省界中央拿钱是对的，应当列入中央财政预算，你们报经费时，要考虑到方方面面的情况，稍打宽些。比如要制作界桩、界碑，界桩界碑要运输，还要雇人去埋设，还要在界碑上刷漆，完了之后还有个维修和管理问题，这些都需要钱。要5至7年左右的时间完成勘界任务，这就要考虑到物价上涨因素，每年2000万不算多。"

国务委员对勘界经费一事表态如此之明快,大大出乎预料。经费是我们勘界工作者最担心的一件事,也是我汇报中最没把握的一个问题。国务委员想得这么细,考虑得这么周到,顿然使我压在心头的石头落了地。不仅使我感动,而且更使我为勘界事业得到经费保障对国务院领导敬佩和感激。其实,我和边界办的同志们一直在为此苦恼。民政部门只负责勘界,勘界测绘工作主要靠其他部门完成。有的地方测绘部门属于事业单位,办事要考虑经济核算,提出每公里的测绘经费需2000元左右,主要用于购图、实地测量、标图、绘图、雇工、野外作业、车辆及其他交通工具的耗费等等。我们则要开组织协调会、要进行实地勘察、要确定数十个三省交会点,所有界桩界碑的制作和埋设。实地踏勘也需要车辆保障,所有这些,离了钱也是不行的。每公里勘定下来到底需要多少经费?这是个很头痛的问题,而且需要计算得比较精确。李贵鲜同志任过中国人民银行行长,对经费的匡算比我们精确得多,他的表态,使我们如释重负,顾虑顿消。

紧接着,我汇报第三个问题,即需要解决勘界专职人员编制问题。我说,全面勘界需要5—7年时间,建议在全面勘界期间,增加12名勘界专职人员编制,加上现有的8名边界办公室人员,组成国务院勘界工作领导小组下属的勘界办公室,作为常设办事机构。这项工作技术性强,工作有一定的连续性。如果采取临时抽调的形式,频繁更换人员不利于工作的开展。特别是实行公务员制度后,各单位都是定岗定编,长期抽调工作人员,对他们的业务工作有影响,也不利于他们安心工作。

对于增加勘界人员编制问题,国务委员李贵鲜说:"人员编制今年不好解决了,明年再考虑解决,民政部可以先从部里抽调一些人帮助工作。"最后我建议,待《关于开展全面勘定行政区域界线工作的请示》有了明确的国家意见后,宜以国务院名义及早召开全国勘界工作会议,尽快把勘界任务部署下去。汇报结束后,部长、副部长就全面勘界亟须国务院解决的几个重要问题作了进一步的说明。全部汇报工作结束后,李贵鲜同志要求国办秘书局要整理纪要,"以纪要的情况为准"。

1995年8月5日,国务院办公厅秘书局向李贵鲜国务委员提交了《关于听取民政部有关工作汇报的会议纪要》(以下简称《纪要》)。《纪要》记述了会议的要点,认为"全面勘定行政区域界线,对于实施国家有效行政管理,从根本上解决边界争议,维护社会稳定,促进经济发展等,都具有重要意义。鉴于勘界工作十分浩繁复杂,为确保其顺利进行,必须加强组织领导并在人力和经费上给予保障";对于会议议定的意见,也逐条列上:"一、成立国务院勘界工作领导小组。该领导小组的主要职责是:研究制定全面勘界的方针、政策;组织部署有关工作的开展;代表国务院行使边界争议的裁决权,处理省际发生的难以商处的重大问题。领导小组组长建议由一位国务院领导担任,副组长由民政部长和一位国务院副秘书长担任,领导小组成员由民政部、国家民委、公安部、林业部、农业部、水利部、地质矿产部、国家土地管理局、国家测绘局、国家海洋局的负责同志组成。领导小组下设办公室,负责勘界的日常工作。办公室设在民政部,由民政部主管行政区划的负责同志任主任,工作人员编制由民政部商中编办在明年适当时候研究解决,目前暂从民政部抽调。二、勘定省级行政区域界线的经费,请民政部重新测算一下,财政部审核后,建议列入预算,分年度安排。勘定县级行政区域界线的经费,由地方财政解决。三、请民政部商法制局修改《省、自治区、直辖市行政区域界线勘定办法》,尽快报国务院审定。四、今年适当时候召开一次全国勘界工作会议,把勘界工作的任务、要求布置下去。"这份《纪要》,经国务委员李贵鲜审定后报送李鹏总理阅示。李鹏总理审阅后作出批示:"国务院勘界领导小组请李贵鲜同志负责。其余同意纪要各点。"

　　天遂人愿。全面勘定省、县两级行政区域界线所需的一个权威性的勘界领导机构,一笔国家财政应拨付的专款,一些保证勘界正常运转的勘界工作人员,都一路绿灯地获得通过。至此,一扫几千年来中国没有法定省界、县界的历史帷幕,在中华人民共和国的力主下,义无反顾地徐徐拉开了。

二

全面勘界开始，重重舆论压顶

舆论纷纷

二 全面勘界开始，重重舆论压顶

　　1995年11月15日，全国勘界工作会议在北京正式召开。国务委员、国务院勘界工作领导小组组长李贵鲜同志主持会议并作重要讲话。他重点讲述了勘界工作的重要意义，全面部署了勘定省界、县界的任务，明确提出了对勘界工作的各项要求，代表国务院发出了全面勘界的总动员令。国务院勘界工作领导小组副组长、民政部长多吉才让，国务院勘界工作领导小组办公室主任、民政部副部长李宝库，对做好全面勘界工作从不同角度作了重要发言。国务院勘界工作领导小组副组长刘济民，中央国家机关各有关部委的负责同志，各省、自治区、直辖市人民政府的秘书长、民政厅长参加了会议。

　　会间及会后的一段时间内，驻京的几大新闻媒体，对勘界工作、勘界背景、勘界政策、勘界内容及纪律要求等作了较大篇幅的报道。这些宣传报道为全面开展的勘界工作创造了良好的社会氛围。此时的边界办已成为国勘办，对电视台、广播电台、报社记者的采访深感应接不暇。不知情的驻华使馆也打来电话询问中国的边界发生了什么问题，希望向他们提供情况。海外对中国勘界的报道也不少，正面的反面的宣传都有。尤其是台湾《"中央"日报》发表的署名文章认为："大陆内部'领土大战'一触即发。"文章最后断言"'五年勘界完成'，多数又是空话一句"。当我执笔写这本书时，恰恰是从1996年开始至2000年底止，我国已经全部把省界、县界划清，他们的预言已经彻底破产。现在翻阅《"中央"日报》的这篇大作，研究起来怪蛮有意思，不妨摘录如下：

　　大陆内部"领土大战"一触即发 省县界不清，像颗定时炸弹……一般人很难想象，大陆大量的省界、县界、村界含糊不清，由此激发起频频的边界大战。但事实就是如此。

据中共国务院的统计资料,中国大陆现有六十五条省级陆地行政区域界线,长约五万二千八百公里(不含国界线)。县级行政区域界线长约四十七万公里。这些界线究竟在哪里,一般人的概念,打开大陆地图一看,上面的省界、县界,不就清清楚楚吗?

但是,事实上各省、各县的地图都不一样,各有各的版本。根据中共国务院一九八七年底的资料统计,全大陆省级陆地六十五条界线,在各省上报的一比二十万比例的地图上,画法不一致的有五十九条,占百分之九十一,画法不一致的界线长度共九千五百公里,占总长的百分之十八。这些弄不清的边界线,一直是一个不安定的因素。特别是进入市场经济时代以后,人口和资源的压力,利益的驱动,地界纠纷急剧增多,有争议的地界更是成为埋藏的"炸弹",随时都引发起暴力事件。

微山湖上荷叶香

在今年元宵节刚过,山东省和江苏省交界的微山湖上响起了枪声。在湖上捕鱼的江苏省铜山县二百多名渔民,被进行"清湖"的山东省公安武警包围,渔民不服,纷纷反抗,结果有一名渔民被打死,四十多人受伤。事后,愤怒的江苏渔民在三月全国人民代表大会召开期间结伴上京告地状,惊动了中南海。本来,中共高层强调稳定,但却为此出事,山东省和江苏省省长受到国务院警告。

争夺微山湖　鲁苏械斗频传

本来,微山湖地区江苏和山东两省临湖渔民,世代都有在湖区捕鱼的传统,湖上的界线从来不清楚。在一九七八年,曾发生了一场大纠纷,山东人持械捣毁了江苏人的养鱼网箱,江苏的一位退伍军人便报复,进湖用炸药亦炸毁了对方的渔场。这事件惊动北京后,一位国务院大员下来断官司。

不知是出于何种考虑,何种依据,其裁断为:微山湖的水流到哪里,哪里的水面都是山东的地盘;微山湖水停在哪里,哪里露出地面的陆地就是江苏的地盘。这就是说,微山湖属山东单方面拥有,成了山东的内湖。但是江苏临湖的渔民不服,亦不管这位大员的裁定,照样入湖作业捕捞。于是,两省关系日益紧张。

微山湖上捕鱼忙

近年，随着市场经济发展，微山湖这个生财之湖，更加成为两省争夺的对象。在今年初，山东方面组织了一个由县委副书记为总指挥，湖区管委会主任为副总指挥，并调动大批武警，组成"清湖"大军，以维护微山湖治安为名，驱赶江苏渔民，于是，便发生了上述那场流血事件。

省县护土战　冲突更加剧烈

事实上，这次血洗微山湖，不过是地界大战的"冰山一角"。据中共统计，五十年代，全大陆省级地界纠纷不过是三十多起；六十年代又增加一倍多，为一百三十多起，进入八十年代，则高达五百八十多起，全大陆各省和直辖市，除海南岛孤悬

小荷才露尖尖角
早有蜻蜓立上头

海外，没有陆地界线，其建省时又与广东分清楚了海界，其他全部无一幸免皆有地界纠纷。

而县与县之间的地界争议更远远高于省级纠纷。土地，从来是中国人传统上最敏感的问题。争执起来，往往如同国家争领土一样，各地民众都激发强烈的"本土"感情，进行"护土大战"。在有地界争议的地区，经常发生大规模的群众性械斗事件，每次械斗，参与者少则几十人，多则上万人，甚至数千人、数万人。

权益摆不平　勘界也难排解

云南和贵州前几年发生过几次地界械斗,由于当地少数民族平时便有携带土枪、猎枪的习惯,在械斗中双方都是动土枪土炮,用"热兵器",而不是"冷兵器",后来双方都有死伤,双方越打越愤怒,分别去抢当兵的武器库,用真家伙干。由于是为"保卫领土"而战,双方的地方官员起初是默许纵容,后来干脆直接参与指挥,俨然是一场"敌国"之间的战争,结果伤亡格外惨烈,损失巨大。

据官方内部不完全统计,四九年以来,仅在省级地界争议引发起的大规模械斗事件中,被打死的人数近万人。而在县界、村界等争议中致死的人数更是不计其数。

因此,中共国务院已决定用五年时间,完成所有的省界、县界的勘定工作,这是一件难度非常大的工作。四九年以来,大陆的行政区域曾多次调整变动,但在这些行政区域重新划分时,从没有进行地界勘定划清。加上,长期实行计划经济体制,地方没有自己的利益,完全上交中央,地方对中央完全负责,历史遗留的问题受不到重视解决。

北京开支票　最后不了了之

这样,积累下来的地界争议问题越来越多,越来越复杂,有四九年前遗留下来的;也有五十年代初土地改革、农村合作化造成的;还有资源权属问题引起的,所有这些问题,都要在这次全面勘界中解决,许多人都表示摇头。

一九八四年，当时的民政部长崔乃夫在西北五省区行政区域界线争议研讨会上，提出过全面勘界，制定大陆行政区划划清的主张。这是大陆四九年来首次有高级官员正式提出勘界，但是并没有引起中央的重视，不了了之。

到八八年，民政部邀请专家就勘界问题进行了论证，得出的结论是，勘界迟早要进行，越早越好，越往后难度越大，而且越被动。八九年初，国务院终于批准从八九年起进行省界勘界试点，选取了宁夏与内蒙古、宁夏与甘肃等六条线进行试点。

九四年五月，鉴于各地的地界纠纷愈演愈烈，国务院总理李鹏又表示要在任期把省界县界划清楚。但是到了现在，面临讨论李鹏退休后的出路问题的时候，他终于下决心要在五年内完成该项工作。然而，这是否又是一项"空头支票"呢！

民意潮高涨　高干不敢让步

大陆的地方官员都说，什么时候划清那不是问题，本地不能丢失"领土"，才是大问题。现在，为官一方，官位与政绩相连，不像过去计划经济时代，上头高兴即可。现在市场经济，"领土"丢了，官位也跟着丢了。乡亲父老都饶不了你，因此各地"父母官"在争"领土"上都不服输。另外，不少有地界争议的地方民众抱有一种心态："解决问题靠闹"，"不闹不解决，小闹小解决，大闹大解决"。要害就是，百姓本身没有靠法律来解决问题的意识。而实际上，大陆亦没有相关的法律，所以"五年勘界完成，多数又是空话一句"。

上文所引文章，除因地界纠纷而导致某地"农民暴动"一节未摘外，其他部分基本上是原文照录。在当时，这是作为海外舆

二　全面勘界开始，重重舆论压顶　29

论中具有代表性的一种倾向。客观地讲，从 1949 年至 1996 年全面勘界始，我国的边界状况基本如此，文章所引证的资料数据令人惊奇地准确。

边界矛盾

其中所涉及勘界问题的某些情节描述并非凭空杜撰。遗憾的是，由于立场不同，观点也就不同。由于观点不正确，分析问题的方法自然就会产生很大的偏差，所得出的结论不可避免地变为荒谬了。在党中央国务院的正确领导下，经过各部门的同心协力和全国上下的紧密配合，加上数万勘界大军的艰苦奋战，五年勘界，不仅土地大战未爆发，而且按照国务院的要求，圆满完成了省界、县界的勘定任务。数千年遗留的边界问题，一扫而光。

针对勘界的各种舆论，为澄清对边界问题的模糊认识，应中国国际广播电台的采访，以边问边答的形式对我国勘界工作作了必要的解答。由于这也是我所经历的一个勘界工作片断，借此将采访我时播出的实况辑录如下：

为什么勘界和怎样勘界
——答中国国际广播电台记者问

雨　飞：听众朋友，中国目前正在全面进行省县两级行政区域的勘界工作。说起来可能令人难以置信，几千年以来，中国从古代的郡到州直至现在的省与省、县与县之间,很少有精确、法定的分界线。许多地方的界线是模糊不清的。因此这项工作可以说是前无古人的,也被称为是"功在当代,利在千秋"的伟业。今天我们就请国务院勘界办公室副主任、民政部区划地名司司长靳尔刚先生来介绍一下中国正在进行的省县全面勘界的情况。

靳司长,从1996年起,我国对省县区域进行全面的勘界,能不能请您介绍一下,我国为什么现在要进行省县全面勘界呢?

以稳定促发展

靳尔刚:好,我简要回答一下这个问题。首先,我国的省与省、县与县之间的行政区域界线有史以来没有全面勘定过。可以这么说,自从秦开始设置郡县制度以来,各个朝代对行政区域界线的管理都很粗略。一般只有"四至"、"八到",从来没有明确的边界线。现在,国务院决定进行全面勘界,标志着我国的行政区域界线将彻底结束有史以来管理粗放的混乱状况,走向依法管理界线的新阶段。全面勘界对于国家依法实施有效的行政管理,保持国家的长治久安,维护社会稳定,促进经济发展,都具有重要的现实意义和深远的历史意义。我想有这么几条,可以明确地讲一下:

首先,开展全面勘界,有利于社会稳定。保持稳定是改革与发展的前提。邓小平同志多次指出:没有安定团结的政治局面,没有一个稳定的局势,任何事情都干不成。行政区域界线不清,造成的边界矛盾边界纠纷日益突出,是社会不稳定的重要因素之一。根据我们统计,目前因为边界不清引起的省界争议已经达到800多起,争议面积达到14万多平方公里。省、自治区、直辖市境内的争议就更多了。边界争议一旦发生,因矛盾错综复杂,往往愈演愈烈,酿成许多流血事件,给人民群众的生命财产带来很大损失。旷日持久的争端,严重影响了当地的安定团结,破坏了边界地区乃至国家的稳定。全面勘界工作,就是强化社会行政管理,确保社会稳定的一项重要措施。

第二点,开展勘界,有利于经济建设。我国实行的是以行政区域与经济管理区域基本相一致的管理体制。地方各级人民政府要把本区域的经济搞好,首先是要对所辖区域进行科学的规划和开发。争议区内的资源往往遭到掠夺性的开采,造成资源浪费和生态环境的破坏。这就在一定程度上妨碍当地的经济建设和改革开放。开展全面勘界,对于充分利用当地的资源,促进经济的健康发展,是一项重要的基础工作。

第三点,开展勘界有利于依法治国。最近江总书记在《十五大报告》当中特别强调要依法治国。这一条非常重要。现行的国家行政管理的重要特征之一就是依法行政、依法治国。市场经济从一定意义上讲就是法制经济。近些年我们国家陆续颁布了《民族区域自治法》、《森林法》、《草原法》、《矿产资源法》、《土地管理法》、《渔业法》、《环境保护法》等等法律、法规，这些法律都明确规定按照行政区域予以实施。但是在边界不清的地区产生的危害公共安全，破坏经济秩序，侵犯公民的人身和财产权益，妨碍社会秩序等触犯法律的行为，因为没有法定的边界作为裁判的依据，所以难以做到"有法必依、执法必严、违法必究"。这也是边界争议突发事件难以处理的症结所在。

第四点，开展全面勘界，有利于密切党群、干群关系。我们的党是把全心全意为人民服务作为宗旨的，我们的政府也是如此。边界争议大量存在以及带来的严重后果，直接影响了群众的生产和生活，还威胁到生命和财产安全。群众对边界争议长期得不到解决，反映很强烈。他们上书党中央、国务院，甚至集体到北京上访，要求勘界的呼声十分迫切。近年来，在各级人大、政协会议上，这方面的建议、提案和批评是不断增多的。人大代表、政协委员要求政府尽快采取措施，解决边界争议，为人民群众的生产、生活创造良好的社会环境。如果我们现在不倾听群众呼声，不体察民情，就会失信于民，严重影响党和政府的形象，影响中央的权威。所以全面勘界，对于密切党群关系，密切政府和群众的关系，也是非常重要的。

总之，开展全面勘界，不仅是解决边界争议的根本途径，而且也是促进边界地区经济建设和改革开放，维护社会稳定的重要措施。因此，具有重要的现实意义和深远的历史意义。

雨 飞：靳司长，下面能不能请您介绍一下，这次勘界的总体规划以及定界原则是什么？

靳尔刚:整体规划应该这么讲:现在全国有31个省、自治区、直辖市和香港特别行政区,这里面不含台湾和澳门,共有陆地的省级行政区域界线,就是省与省之间的界线68条,长度是54500多公里,这主要是从图上量取的。究竟有多长,只有实地勘定之后,界线的总长度才是非常准确的。县级的行政区域界线有47万多公里。这些界线主要是由法定线、争议线和习惯线组成的。其中,国家明确划定的法定线和双方有争议的界线都是少数。国家从来没有划过界,但已经形成双方共同承认的习惯线是大多数。要完成68条省级界线,54500多公里的工程,根据国务院的要求,准备从1996年开始,到2000年,大概用5年左右的时间,逐年分段地全部勘清。总体的规划,1996年勘定30个省的15条界线(我这里讲的主要是省界),10256公里的长度;到1997年,要完成省界13条,长10991公里;到1998年,要完成省界12条,长12426公里;到1999年,要完成10条省界,长8765公里;到2000年就比较短了,共8条省界,长6325公里。到2000年,我国陆地界线全部勘定完毕,而后再逐步转入海域界线勘定。这样我们国家的整个界线就全部法定清楚。

定界原则是这样的:已经明确划定和核定的边界线,按照有关文件、协议、地图予以核定,以往比较粗略划分,但从未落实的边界线,以有关的文件、协议、地图为基础,协商确定边界线,这是第一条;在国家土地利用现状的调查当中,经过双方县以上人民政府核定一致的,并签订协议,无争议的界线,应予以认定,这是第二条;另外,其他边界线的确定,应该选择以反映行政区域界线管理现状为基础,即主要是依照现行的管辖现状为基础来确定边界线,主要是这么三条。

雨　飞:前面您提到法定边界线,那么在勘界过程中,边界线是如何来进行法定的?

靳尔刚:法定边界线,简要地说,就是首先用技术手段标绘在1∶10000比例尺的地图上。标完以后,主管领导(省界的是省长,县界的是县长)来签字。标绘在地形图上,是法定界线最

中国现代化的高速公路网

重要的一条。第二条,就要双方共同起草边界协议书(边界走向说明书)。具体举例说,已经有了图,从张庄往西走多少公里,再向南到李家庄,把这条边界线,不管上百公里还是上千公里,都要用文字表述,写得明明白白。第三条,在边界走向已经标过的地图,在必要的地段,要埋设界桩,根据具体情况,大概每隔5公里左右,都要埋设界桩。不管是省界,还是县界的界桩(界碑),都要编号,而且都要署名国务院,管辖范围要很明确,这就叫做法定界线。主要由三个要素组成:第一,制图(标绘地图);第二,文字说明;第三,埋设界桩。三个要素都具备了,才叫做法定行政区域界线。过去不存在这些要素,所以发生争议,谁都说不清楚。

雨　飞:从现在已经开展的工作来看,勘界工作进展得是不是很顺利呢,还存在哪些问题?

靳尔刚:勘界是一个很浩瀚的工程。特别是在"九五"规划当中,作了明确要求,所以在党中央、国务院的关心、重视和支持下,进展情况还是很好的。现在全国勘界,基本上形成了顺势。从1996年开始勘界,任务是15条界线,长度为10256公里,实际划定是15条,长度是9922公里,同时还确定了22个三省交会点,占下达任务的96.7%。这相当不容易。因为历朝历代没有划定过界线,一年期间能划定将近1万公里,是相当不容易的。

当前勘界存在的问题,我想主要有这么几个方面:

一、省界的勘定工作发展得不平衡。有的省重视,经费到位比较好,领导关心程度比较强,进展就会快一些;有的因为经济方面的原因和领导方面的原因,进展就慢一些,发展是不平衡的。这是当前主要的一个问题。

二、少数省勘界力量比较薄弱。勘界工作技术性很强,要懂图、识图、用图、标绘,还要埋桩、测绘。这一系列的工程,力量比较薄弱,所以现在进展稍微慢一点。

三、从全国的范围看,勘界的经费缺口还比较大。特别是一些困难的省、区、县,经费到位不及时,影响了工作进度。

四、个别地方有关部门配合不够密切。由于勘界涉及农业、林业、测绘、土地、公安、水利等,若干部门要协同作战,个别地方配合不够密切。但整体来讲,还是不错的,需要进一步发挥整体效能的作用。

雨 飞:听了您的介绍,我们也感到,勘界工作是一个非常庞大的工程。这次全面勘界是如何进行组织实施的?

靳尔刚:勘界工作是在国务院和地方各级人民政府的直接

领导和统一部署下进行的。为了加强领导,1995年11月,成立了国务院勘界工作领导小组。这是在国务院领导下,主管全国勘界工作议事、协调机构。领导小组下设办公室,也就是现在我们的国务院勘界办公室,这是中央层次。另外,各省、自治区、直辖市也相应成立了由主管省长担任勘界组长的领导机构以及办事机构。

组织实施方面,国务院重点是把握好省界的勘定。县界的勘定,是在国务院勘界领导小组的指导下,由省里组织实施的。这样分级负责,先易后难,逐步把界线全部法定清楚。

雨 飞:刚才您也谈到,以前有一些区域,存在的争议,多数是为了利益而引发的冲突,比如资源之争等等。这次进行的全面勘界,各级政府能不能理解呢?在勘界纪律方面,国家和各级政府都提出了哪些要求?

靳尔刚:国务院提出勘界的问题,首先是适应下面的要求,特别是在市场经济新的形势下是非常必要的。开始因为没有法定界线,而且争议很多,所以大家对这个问题的认识不是很一致。譬如说,没有发生争议的地方,觉得勘界的必要性不是很大,但是有发生争议的地方,就呼吁尽快勘定,认识上还不完全一致。勘界试点期间,我们法定了6条省级界线。1996年又法定了15条,1997年还有13条。凡是勘定的地方,整个情况都非常好,再没有发生过争议和械斗。因为勘界的问题确实比较复杂,在勘界纪律方面,国务院专门发出了通知,就是《国务院关于开展勘定省、县两级行政区域界线工作有关问题的通知》(国发〔1996〕32号)文件,对勘界纪律提出了明确的规定:自国务院决定全面勘界之日起,各地必须维持边界划定前边界地区的现状,不得挑起新的边界争议。存在边界争议的地区,当地人民政府必须采取有效措施,防止事态的扩大。任何一方都不得往争议地区迁移居民,不得在争议地区设置政权组织,如建立乡、村、镇;不准破坏自然资源,严禁聚众闹事,械斗伤人;严禁抢夺、破坏国家、集体和个人的财产。对借机制造矛盾、设置障碍、干扰勘界工作正常进行的,特别是对挑起冲突的,要依照有关法规,严肃处理;对造成严重后果的,特别是构成犯罪的,要移交司法部门,依法追究刑事责任。

雨　飞:全面勘界,将对于我国的政治、经济生活产生什么样的影响,能不能请您介绍一下?

靳尔刚:全面勘界,是管理国家的一项重要的、基础性的工作,对于国家依法实施有效的行政管理,保持国家长治久安,维护社会稳定,促进经济发展,都特别重要。

首先,它有利于社会稳定。前面谈到了,由于边界不清,发生争议很多,影响了民族团结和政府、群众的关系,影响了地区的安定和团结,也破坏了边界地区的稳定。因此,首先可以肯定:勘界有利于社会稳定。

第二,有利于经济建设。我国实行的是行政区域与经济管理区域基本一致的管理体制。明确的行政区域范围,有利于科学的规划,合理地开发管辖区内的资源,实现经济与社会的协调、持续发展。不划定界线,管辖范围到底在哪儿,说不清楚,无法进行合理的规划。

第三,有利于依法治国。前面讲到:我们国家历朝历代没有法定过行政界线,一般只有"四至"、"八到"。勘界是在我们中华人民共和国政府高度重视下,特别是在李鹏总理的亲自过问、支持、领导之下,把国家的省界、县界全部划清楚。这是一个"功在当代,利在千秋"的伟业,是我们共和国的一大政绩。因为界线不清,涉及问题很复杂,子孙后代也会因为边界不清而引发争议,造成重大损失。所以这项工作特别有"意义",彻底划清边界线是我们国家的一大政绩。特别是在总理的亲自领导之下开展的,很了不起。

雨 飞:据我所知,国外对这次勘界也是十分关注的,当然也包括一些疑问。您作为从事这项工作的官员,对这项工作是不是很有信心?

靳尔刚:国外一些人士对勘界工作很关注,也是很自然的事情。因为我们历朝历代没有法定过界线。国外媒体有的发表文章,说大陆勘界如何如何,也是一种表示关注的意思。我认为:通过两年多的勘界实践,没有引发新的边界争议,反而,凡是勘定过界线的,都非常安定。事实证明,我们已经勘定了20多条法定行政区域界线,在5年期间,完成60多条法定界线,我充满了信心。

雨 飞:勘界工作到现在已经进展一年多了,你们也积累了许多经验,取得了许多成绩。那么最后,能不能请您给听众朋友介绍一下,你们都积累了哪些经验?

靳尔刚:回顾勘界工作的情况,经过勘界工作的实践我们尽管还是在探索之中,但的确积累了一些成功的经验。这些经验对于搞好下一步的勘界工作,有着重要的指导意义。

第一条经验是党政领导的重视,这是搞好勘界工作的关键。勘界工作是政府行为,经验反复证明,哪里的政府重视,支持勘界工作,哪里的勘界工作就开展得积极主动,成绩显著。全面勘界以来，一些省、市的领导经常过问勘界工作，提出具体要求；这些领导亲自参与协调解决勘界工作中的人、财、物问题，甚至还出面主持解决边界争议中的难点问题，这是非常难能可贵的。所以，有领导重视，勘界工作才能很快地推进，很快地完成。

第二条经验是实事求是，顾全大局，互谅互让地搞好勘界工作。这是一条重要的原则。实事求是，顾全大局，互谅互让，是我们多年来解决边界

边界测绘

问题的经验总结。一些省市遵循这个原则，双方经过一次协商就解决了多少年来遗留的问题。有些地方出现了从过去"寸土必争"到现在"互谅互让"的变化，创造出了从大局出发，从稳定出发，从人民利益出发的原则来寻求争议解决的途径，形成了良好的氛围。

第三条经验是密切协作，联合作战，这是完成勘界工作的有效途径。前面讲到，因为勘界工作需要多方面、各个部门的协调，所以多数地方的勘界双方都能顾全大局，密切配合；各级勘界办公室在当地政府的领导下，也都能够较好地发挥职能部门的作用，因为这个办公室是由若干个部门组成的。像我们国务院勘界办公室（下简称"国勘办"）需要协调解决大量矛盾，水利部、土地局、农业部等单位随叫随到。各个部门的密切协作，联合作战，是完成勘界任务非常有效的途径。

第四条经验是培养了一支思想作风、政策水平和业务素质都过硬的勘界队伍。这是很关键的一条。应该说是勘界的根本。全面勘界以来,有的领导同志为解决边界争议和难点问题,冒着危险,进入生命禁区,进行实地调查研究;有的同志,为了做到心中有数,不辞辛苦,走遍了边界的沿线;很多同志全身心地投入勘界,有的甚至带病坚持工作。正是有这么一大批无私奉献的勘界队伍,我们才取得了今天这样的成绩。

我接受采访,在当时来讲也算是带了个小头。因为此前司里有一条不成文的规定,凡涉及边界问题,一律不得对外宣传报道,视"边界"为禁区。这是因有人写边界"械斗"引起的,上面一追问,又怕承担责任,怕给国家"抹黑"、暴露阴暗面。此后对这敏感的边界问题,自然就噤若寒蝉了。

1996年初,老司长工作调动,我任区划地名司司长,同时兼任国勘办副主任。此时勘界办公室已经成立。下设三个处:即勘界办秘书处、一处、二处。我主张边界工作对外不要"封锁消息",而是要加大宣传力度,要让社会了解、理解和支持勘界工作。要搞好勘界工作,取得广泛的社会支持,做好宣传舆论工作十分重要。后经国勘办主任李宝库副部长同意,勘界宣传由国勘办秘书处负责。宣传工作的定位不是宣传边界械斗,而是国家的勘界政策和指导原则、工作成绩和经验、勘界中涌现出的好人好事以及各地工作进展等等。后来,秘书处与驻京各大新闻媒体建立了密切的关系。事实证明,良好的舆论环境对推动全国的勘界工作进展发挥了重要作用。

三

拿下第一条"贯通线",冒险挺进"无人区"中

作者(右二)在藏新线未定地段阿克赛钦湖进行实地调查

"靳尔刚司长、吴凤华同志不顾路远和恶劣气候，克服高山反应，亲自参加了位于海拔5500米的阿克赛钦湖实地调查，在踏勘过程中还深入基层，访问了牧民，察看实地，这种朴实扎实的工作作风，值得我们学习。在此，我们再一次地表示衷心感谢，并致以崇高的敬意。"

——引自《中国勘界纪实》（下卷），第359页

全国正式开展全面勘界后，第一条省界全线贯通线是藏新线。

西藏与新疆两区之间勘定后的行政区域界线总长为1559.3公里。界线西起空喀山口东侧山脊线与中（国）印（度）国界交会点，东至藏青新三省区边界线交会点。全线位于昆仑山脉的崇山峻岭之巅，平均海拔5700米。西藏、新疆两自治区共有3地、1州、10县在此接壤，即西藏自治区阿里地区的日土县、改则县和那曲地区的尼玛县、安多县，新疆维吾尔自治区和田地区的和田县、策勒县、于田县、民丰县和巴音郭楞蒙古自治州的且末县、若羌县。

协调解决藏新线未定地段
左一：作者
左二：西藏勘界办主任强巴赤列
左三：新疆勘界办主任张在洪

这条线尽管长达1500多公里，除东、西两段有争议外，其余边界地段多年相安无事，基本上形成了两自治区的"习惯线"。

勘界办公室成立后，我建议除主任（李宝库副部长）不做界线具体分工外，其他四位副主任根据每年确定的勘界任务，把每条线的勘界责任落实到个人。经主任同意，1996年我负责完成吉黑线、冀辽线、藏新线、川藏线的勘定协调任务。一年之内要拿下4条省界线，心里着实没底，因试点期间平均一年拿不下一条省界线。这就需要在工作方法方面下功夫。1996年是全国勘界的开局之年，一旦任务完不成，势必影响五年完成勘界的大局。"用个别指导一般"，以点带面推动勘界这一科学的工作方法，必须在勘界实战中加以运用。决心下定后，经过对上述4条省界的分析、思考，首先突破藏新线是比较理想的选择。

阿克赛钦湖一角

至4月9日，在国勘办的主持下，两自治区在成都举行了《西藏自治区与新疆维吾尔自治区联合勘界实施方案》签字仪式。4月22日，国务院勘界工作领导小组以国勘办〔1996〕5号文件作了同意《方案》的批复。此时，双方经过实地勘察和反复协商，加上勘界前的工作铺垫，已经确定了藏新线的中段，即从6359高程点到5341高程点，长约1100公里，在5月底以前，以1∶10万地形图准确划定其位置，完成地形图标绘和协议书的起草工作。也就是说，1500多公里的边界线，已经划定1100多公里，还有东、西两段400多公里尚待划定。

我的意见，继续依靠两自治区协商划定，如实在难以达成共识，国勘办再出面协调解决。果然，4月23日新疆勘界办公室主任张在洪给我来了信，写道：

关于藏新线勘界工作的下一步安排问题，按照你加快步伐的要求，五月底以前搞完1100公里边界协议书和标界图应无问题。"边办"最好派人来协助，为调处争议打下基础。争议地区联合实地调查提前到六月份，届时请你及有关同志参加指导，调查了更有发言权。至于上山的装备和不适应的应急措施，我会做周密安排。为全线贯通，如何解决争议地区的定界问题，回来后我反复斟酌了多次，觉得有必要请李部长来疆，以便从政局稳定、政治影响等多方面做做上层的互谅互让工作，顺便看看口岸的建制。若能如此，上山的时间须与李部长到疆的时间衔接好。按离乌鲁木齐、上山返乌共约十天时间计，李部长到疆的时间可与我们从山上返回乌鲁木齐的时间基本吻合为宜。这样，你们来疆和我们上山的时间，就看商请李部长后定。定下来后提前通知我们，以便同西藏强巴厅长约定碰头的时间和地点。以上想法不知可否？

但愿我们能如期饮马昆仑山。

我把张在洪主任的这封来信呈报给国勘办主任李宝库副部长，并在信的抬头注明："上山所指西段即与克什米尔接边处，也就是阿克赛钦湖。此段争议达300多公里，面积上万平方公里，该段海拔高5000米左右，高寒缺氧，看来我们是必去的，至于李部长能否去疆做上面的工作，请酌定。"李部长4月29日对此信画了圈阅号。

为了尽快拿下这条线,我们在京做了必要的"案头"准备工作,时间一到,即赴疆上山进行实地勘察。

客观地讲,藏新线东西两段的争议处本不应该是大问题。1980年上报民政部、国家测绘局的边界图基本上可以作为划定双方边界的依据。这份"80"图,实际是为以后划界奠定基础的。它是由各省、直辖市、自治区背靠背地在同一比例尺的地形图上标出自己所认为的省际边界图。正式勘界后,国务院发出的32号文件勘界政策规定,"80"图双方标绘一致的,可以作为划定边界的依据。此外,全国土地详查时,如果土地详查接边一致,又与实地相符的,也可以作为划界依据。双方本应按照这些政策规定,经过实地踏勘后认真协商是可以解决的。事情往往出现反逻辑现象,"复杂的事情简单化、简单的事情复杂化"。东西未定两段,两自治区已无法协商解决,需上面派人来协调或提出裁定意见。

西藏认为:东段曲森措地区历来是安多县群众放牧区域,总参测绘局1978年版1∶10万地形图上该区域也是划在西藏境内。最重要的是西段阿克赛钦湖地区,那里有西藏的乡和村,据了解有近千居民、2万多头牲畜在此放牧,也有人在此挖掘盐矿。为维护群众利益,应按群众的游牧范围确定边界线,将该地区划归西藏。

依照勘界政策,西藏反映的两段情况如属实,应该划归西藏。这是因为:一、政策规定此次勘界"不做区划调整",如果有建制乡设置在这里,此地所辖范围应属西藏;二、本着勘界不扰民的原则,不应因划定边界强迫百姓迁徙;三、如果此地域辖属新疆,按要求乡以上民族政区建制单位应在本辖区内公布有该民族。然而,新疆对外公布的有维吾尔、汉、哈萨克、回、柯尔克孜、蒙古、俄罗斯、锡伯、塔吉克、乌孜别克、塔塔尔、达斡尔、满等民族,唯独没有藏族。既然属于你的辖区,而且又是民族自治区,这种常识性的问题尤其涉及民族政策问题,怎么能疏忽呢?西藏要求把西段这上万平方公里的区域划归他们,不是完全没有理由?

后来,我在调查中提问:既然如此,西藏上报的"80"图和土地详查图,为什么对这段区域的争议会没有反映呢?藏民字〔1996〕102号"请示"件中称:"同新疆接壤的边界区域,由于我区没有踏勘过,地面情况不明,仅从地图上看,大部分是一些雪山、冰川和荒漠地带,双方至今未发生过争议,因此,这一段主张线原则上采用1964年国务院批准的《中华人民共和国全图》的'权宜画法'标绘,仅根据大山、大河等自然地形特点作局部调整。"

很多事情就是这样,前面当事人的责任后面当事人不该全部承担,1980年的事情到1996年让后来的继任者说清也不是历史唯物主义的态度,只有在实践中去寻找正确的答案,这才是唯物主义者所应该坚持的。

对东西两段的争议,新疆认为:"东段鲸鱼湖(即曲森措)地区系国家自然保护区,双方均不能进入,按1991年1月三方在北京签署的青新藏三省区边界线交会点和省区界权宜划法,该地区仍在新疆。西段一直是以昆仑山分水岭为界的,是历史习惯线。"新疆提供的《"阿克赛钦"区域历史边境辑实》(以下简称《辑实》)记述:

界山达坂,具历史与现实的二重地名含义。作为历史地名,"界山"系古突厥语"杰赛特"一语之音译。在汉语音译过程中丢失后缀匕,读音便成了"杰赛"。在现代的调绘图中违反了地名音译规范化准则。使用汉语名词作为突厥语音译之词汇,便容易使该地名以汉语意义去解释。这样便抹去了该地名真实的历史人文意义及人类历史活动的佐证。杰赛特达坂,古突厥语,今融入维吾尔语(有尸体的山口)。唐贞观中,西土厥征西域,塔里木南缘三十六绿洲王国迅速突厥化。在于阗国突厥人逐渐与当地土著融合定居从事农业。这样便加速了于阗国语言化的进程,因此至唐宋时,今界山达坂一线都留下了被突厥化了的于阗人的足迹,由他们在昆仑山南北麓命名了众多的山川河谷地名语言。甚至包括今已划入西藏版图的东罗克宗山区域。(罗克宗:古突厥语,意为驼峰。作为维汉双语,其义为东边的驼峰山。)

鲸鱼湖属于阿尔金山自然保护区

界山达坂之现实地名含义:"杰赛特达坂"在现代汉语语音译中使用了汉语名词转译。致使其具备了独立的汉语词汇内容的解释。这样,界山达坂一语作为汉维双语,其语义名析为"两地分界之山体孔道"。界山达坂地处中昆仑支脉罗克宗山中部。

沙漠驼铃

昆仑断裂带以南北走向，拦腰切割该山体，形成隘口，成为昆仑山区南通北进之天然孔道。清时，"界山达坂"又称"藏口"，即入后藏之山口。山口西北山体现称西罗克宗山，东北山体现称东罗克宗山。清代，均系和田辖治区。在现代勘边定界测绘中，东罗克宗山已划入西藏版图。界山达坂名符其实地成为二山体的分界隘口，依此，在和田南境之新、藏边界，界山达坂亦是两地分界之重要地名标志。

阿克赛钦《新疆图志》做"阿克赛成"，成系钦、秦之音译异写。正确的全音译应为"阿克萨依马秦"。属古突厥语，今融入维吾尔语。"阿克萨依"在古突厥语义中，意为白色沙滩，与今维吾尔语语义相同。马秦即"摩秦"，"摩"系佉卢文。汉时传入于阗国之中亚阿拉美文字读音，后发展为古于阗语文字，其意为"大战"或"伟大"。"秦"具体的指中原第一个封建王朝秦朝。在整个西域史上，是表示中国的代名词。"秦"即"中国"。在古丝道上，地中海两河流域的城国，部族认为：和田就是中国，故《突厥语大辞典》就将和田称之为"下秦"。因此，"马秦"即和田的别名。在今和田县，洛甫县绿洲北缘广坦荒原带，至今还称为"秦尼马秦"。从地名语言学的角度剖析，"阿克赛钦"即"阿克萨依马秦"之简音译。其意为"大中国之白色沙滩"，依史实亦可意译为"和田之白色沙滩"。该地名的语音系汉、佉、突三体语言合璧，显然只能出现于唐宋时代的于阗语言中。

唐初，地处羌塘北麓定账雅隆的吐蕃（今藏族）操羌藏语系（汉藏语系），且军事势力亦未远涉昆仑区域。塔里木盆地南缘的突厥化过程亦未越帕米尔、昆仑、冈底斯里而影响吐蕃。因此，在吐蕃活动的地域内是不含出现突厥化的地名命名的。在和田南境昆仑山麓的高原盆地，切谷断带中所出现的古于阗语地名，必然是于此曾留有活动足踪的、被突厥化了的于阗人命名的。

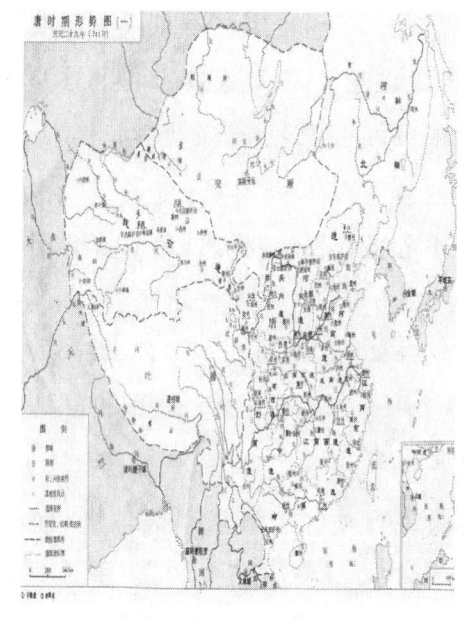

自汉唐，历代中原王朝及于阗地方政权均以昆仑正脉为和田南境之边界。昆仑北麓之阿克赛钦、界山达坂区域亦是历史上各时期于阗王国统领辖治之地区，至于该区域保存使用的历史地名多系古代于阗语地名语言，反映了古代于阗民族在此活动的印记。因此，阿克赛钦、界山达坂区域从历史的观点看，它是和田版图不可分割的部分。

唐时期形势图

引经据典的这篇《辑实》，归根结底一句话，从秦至今"界山达坂"是西藏、新疆的省际边界线，涉及有争议的阿克赛钦湖一万多平方公里的争议区属新疆和田县，"是和田版图不可分割的一部分"。

双方各有各的将争议区划归自己管辖的依据，要想尽快使这条边界线贯通，看来国勘办不出面协调是解决不了的。协调勘界不是人们通常所想象的,争议双方坐下来各摆各的道理,最后协商不通,上面拿个仲裁意见问题就解决了。勘界涉及人文、地理、人口、资源和行政管辖权属及人民群众的生产、生活。如果确属一方的领土被对方吃掉,此方的领导者和工作人员就会被指责为"卖土求荣"而无颜"见江东父老"了。所谓"顾全大局"、"发扬风格"、"让他三分又何妨"在勘界的实际操作中真是难之又难。尽管都是共和国的领土,争起来有的却是"寸土不让,如同异邦"。由于边界问题处置不当而丢掉"官帽"的,确也不乏其人,出于其他考虑,我不便在此列举。

要想协调好边界争议,力争解决得公平、合理而符合勘界政策,协调者本身不下真功夫是不能奏效的。功夫首先要下在做好"案头"工作上,要掌握好因何而起争议,争议区域的沿革及现状,各自的依据和理由,分析双方所要达到的争议目的及可能做出的局部让步,哪些符合勘界政策,不符合政策要求的一方所能接受的调解程度,最后提出的协调意见双方能否签字等等。所有这

作者赴阿克赛钦湖途中穿越天山留影

些,协调者必须有充分的思考和应对准备。此外,更重要的是把功夫下在对争议区域的实地调查研究上。正如毛主席所教导:"调查就是十月怀胎,解决问题就是一朝分娩。"到实地调查可以澄清很多偏见,验证是非曲直,掌握真实的第一手材料,启发产

生正确的处理问题方案。在协调勘界的实践中我切身体会到："谁调查谁就有真正的发言权"。

藏新线的争议区主要是东、西两段,而西段争议面积最大,并且是地处海拔5700米的"无人区"。这条边界线能否尽快实现全线贯通,解决西段问题至关重要。经藏、新两区协商,6月中下旬分别派员从拉萨、乌鲁木齐出发,在7月上旬会师昆仑山下的甜水海兵站。

为什么要选择在6、7月份上山呢?西藏提供的情况是:"在西藏与新疆的交界线上,平均海拔在5000米以上,据一些资料记载,这里气候恶劣,空气稀薄,连藏北的牧民也感到头疼、胸闷,轻易不敢踏入此地;这里没有道路,随时有陷入雪坑的危险;这里大部分时间被冰雪覆盖,年平均大风日在200天以上,最大风力为每秒20米,可以把帐篷像风筝一样吹到天上去,最大的降雪量可在一夜之间把帐篷压塌。"7、8月份是最佳时段,置前错后均不能进入。新疆方面也是这个意见。

七月初的新疆和田:
"早穿皮袄午穿纱,守着火炉吃西瓜"
右一:吴凤华
右二:司机(张主任)

我乃军人出身(在部队服役17年),既然别人能去,我何畏惧?何况还是上山佳期。因新疆另有行政区划调整事宜,6月下旬,我率员乘机赴乌鲁木齐,同新疆的同事一路前行。新疆勘界办主任张在洪考虑得很周到,为保证行车安全,特意把乌苏市

三　拿下第一条"贯通线",冒险挺进"无人区"中　53

粮食局办公室张主任调来为我驾车。据说他是司机出身,在新疆内外跑的车程最长者之一,经历过不少艰难险阻路段,富有驾车经验。一切准备就绪之后,一路人马直奔昆仑山北麓的甜水海兵站。途经库尔勒、库车、阿克苏、喀什、叶城、和田,穿越了天山和海拔六千多米的黑卡子山。中途在解放军的"八一"医院为每位上山者进行了体检。体检军医从心电图上看,认为我不适宜到海拔如此高的"无人区"去工作,随时可能发生危险。由于我"自身感觉良好",进藏也不是第一次,何况此举是为国家执行任务,使命之使然,我不下"地狱"谁下"地狱"?至于其他同志身体不适应者,一律在和田留守,包括新疆勘界办主任张在洪。一旦有事,便于上下策应。医院考虑到我的实际情况,决定派出内科专长的张军医陪我上山,另从部队调来一名**藏语翻译扎拉**同往。

左一:张军医
右一:翻译扎拉

对于到西段争议区的调查,《中国勘界纪实》(上卷第606页)记载:

1996年6月20日,国务院勘界工作领导小组办公室副主任、民政部区划地名司司长靳尔刚、助理调研员吴凤华一行应邀抵达乌鲁木齐。协助两自治区勘界办公室对阿克赛钦湖争议地区进行了调查。29日到达争议区,与西藏自治区的同志会合。参加此次实地调查的西藏自治区人员有自治区勘界办公室主任、民政厅副厅长强巴赤列、民政厅区划地名处副处长徐海康、阿里地区行署专员阿布、行署副秘书长普布、民政局书记索南曲达、日土县委书记张振县，新疆维吾尔自治区的人员有民政厅区划地名处副处长万顺福、和田地区民政处处长艾木都拉·马木提、和田县副县长艾则孜·库尔班。经过两天调查，基本掌握了争议地区的基本情况，达到了预期的目的。

真是难熬的两天啊！从地理常识上讲，海拔6000米以上属生命禁区，我们未经过体能训练，从海拔平均44米的北京几天之间爬到海拔5700米的无人区展开作业，的确是一次严峻的考验。兵站的同志们听说我们要去阿克赛钦湖，非常惊讶。那里离兵站40多公里，根本没有道路，他们也未去过。偶尔路过兵站的领导在此歇脚，一边吸着氧一边扒拉几口饭，匆匆而过。从北京来还去闯无人区，真有点不可思议。我是"暗藏心机"而来，因为只有亲临其地才能查明有没有乡级以上的政区，有多少村、多少户牧民长期居此，放牧范围有多大，双方是否混居等等。转来转去，翻来覆去地根据双方提供的情况去验证。走访一些散落的牧民户后心里基本上有了底数。我询问西藏的强巴厅长：你们的乡政府设置在哪里？我要去看看政府挂的牌子。日土县的领导回答说：这里没有乡政府驻地，乡领导都是在马背上办公，走到哪里政府就到哪里。我愣住了，我这个区划司长还真是第一次听说这

作者到争议实地踏勘

种情况。其他随往的西藏同志都验证了这种说法。不仅日土县有,在西藏别的地区也有类似情况。乡政权的设置状况对解决争议区的划分至关重要,此问题查不清不是无功而返吗?由于高山缺氧,大脑反映非常缓慢,思之良久,我突然提出,请把乡政府的公章拿出来我看看。随行的各级不下20人,不知他们用藏语在谈论什么,我一时认不清谁是什么职务,只见有人在和我的翻译小声说话。扎拉翻译是解放军,来之前我已跟他有交代,一定不要有倾向性,对我要实话实说,此次调查涉及国家重要政务,是两自治区的边界划分,一旦处理不好,还会引起维藏之间的民族纠纷。

听到我的问话,扎拉爽快地回答:"他们说公章忘了带了!"听了这话,我心里一下子有了底数。我们是来争议区调查验证实情的,现在谁也不可能再从上百公里外另取公章来。再说,来的人员不少是搞行政区划的专业骨干,如此重要的问题,能疏忽吗?西藏日土县确有一些牧民在此季节性放牧是事实,至于是否有他们上报的那么多户数,值得斟酌。凭经验,老牧户搭的帐篷,经风雨日晒是和草地自然融配的,看不出不协调的痕迹。然而新搭帐篷,露痕很多,也经不住大风狂卷,观察帐篷顶部,看不出来炊烟熏迹。它们可能是新增的牧户但也不可排除是在地方利益驱使下临时新搭的。但这已不是问题的关键,是否设有乡级以上的政权单位,才涉及到调处争议的政策问题。总之,已基本达到了预期效果。此时,张军医突然惊叫起来:"必须马上撤离,再耽误几分钟,抢救都来不及啦!"

我只顾了工作,回头才看到与我同来的梁方同志,正抱起晕倒在地的助理调研员吴凤华往车上送。张军医正拧开氧气瓶忙着输氧和抢救。他边抢救边着急地对我喊:"赶紧离开这里,往下撤!情况会发生连锁反应,再有两个倒下非死人不可!"在这种时候,医生的话就是命令,否则我们俩谁都负不起人命关天的责任。

  从拉萨来的同志也挺不住了,他们到这里也感到剧烈的头疼。我们一个个脸色发青,嘴唇紫黑。军医时不时给我查脉搏,每分钟心跳都在120次以上,由于心跳过快,我来到阿克赛钦湖地区后未睡过一分钟的觉,不仅睡不着,而且总感到很精神。我向张军医要安眠药,他无论如何都不给,怕我睡着了醒不来,说连救的机会都没有。胸口憋闷得总想吐,他也不让吸氧,说这一切都是高山缺氧的反映,发生了情况,第一招儿就是吸氧。因为我们在这儿不是一时半会儿,如果先吸了氧,再有意外就没办法了。多亏了他这位经验极为丰富的医生,如果没有他,刚才发生的事不知会产生什么样的后果。原以为部队给我们准备了直升机,发生了问题很快拖走就是了。后来张军医告诉我,那只是一种心理安慰,突发情况靠飞机是来不及的。有他在一切可以放心,如果他提出撤离,必须执行。既然军医下了撤退命令,我只有服从的分儿。

  下撤途中,我的头仍晕得厉害,晃动稍大就疼。脚下像踩了棉花一样软绵绵的无力气,就像发了高烧刚输完液从病床上下来一样。别说是人,就连汽车都服了"软儿",因缺氧汽油燃化率低,想跑也跑不起来。给我开车的张主任不断地用头碰撞车框,说头痛得受不了,在新疆这么多年,第一次遇到这种"鬼情况",早知道是这样,给十万块钱也不来,你们中央国家机关的司长,工作这么苦这么险,简直难以想象。情况确实如此,一连好些顿我们吃的都是从新疆带来的干馕,这是维族同胞烤制的一种面饼,略带咸味儿,不干硬,不变味儿,很适宜在干燥的沙漠地带食用。我们也带了些方便面什么的,但由于气压偏低,水一烧就开,而

工作餐——干馕

不熟就成了糊糊,所以馕便成了我们的当家饭。

其实,这海拔5700米处的"无人区"也有她风光独特的一面。成群的野马、野驴不时匆匆而过,野兔也很多,冷不丁就从身边窜出来。有些野生动物根本就不怕人,很多黄羊就在车周围看我们把头伸出车窗外呕吐的惨相。它们不怕人,可能是因为很少见到人。在这里,人和动物是很自然很和谐的。站在水边,很多鱼就会向人影聚集,有的鱼还把嘴露出水面,好像水里也缺氧的样子。你要是有备而来,拿出棍棒向鱼头打去,尺把儿的长条鱼被击中了,便把肚皮朝上翻在水面,成了战利品。据说,兵站的战士们常用此法捉鱼。

虽然"无限风光在险峰"一话不虚,但我们这些匆匆过客根本没有心情来领略。只盼着快快工作完离开这里。什么叫"高处不胜寒"?这倒是真的领略了。季节快到7月份了,在祖国的南端已是赤日炎炎似火烧。在中部地区,也是百花盛开万紫千红。而我们在这里,身着军棉大衣还觉得阵阵发抖,袭来还感到透心儿凉。气候非常多变,一会儿大风,一会儿雪花漫舞,一阵晴,一阵阴,把人"捉弄"得不知如何是好。度过难熬的两天,终

作者在昆仑山麓

于随着张军医的一声令下,迅速撤退到海拔低的"十三里营房"。张军医说,吴凤华同志是由于缺氧出现了"心脏早搏"而昏厥,现在没事了。我到其他房间察看,四五个随行人员躺在大通铺上擦眼泪,不知不觉我也受了感染。我安慰和鼓励大家,我们已圆满完成了任务,为了胜利而付出必要的代价是值得的,历史将为你们记上这一笔,你们有功于国家和人民!果然,为我开车的张主任回单位后提前晋升了级别。同我随往的几位同志由于勘界政绩突出而荣获记功及其他奖励。

回到和田后,我一觉睡了20多个小时,中间也没人叫我吃饭。后来别人告诉我,这是张军医的安排,只要我不醒,就不要去打扰。把所缺的觉补回来,在医学上叫"代偿功能",是身体好的标志。好些天没洗头了,洗完一看,盆里落了很多头发,医生告诉我,这也是缺氧造成的。对于海拔4000米以上的地区,不要经常地忽上忽下,间隔时间最好不少于半年。对于居住在低海拔的北京人来说,每次爬上高寒缺氧区,都会对心脏产生压力负担,也就是一次损害。为此我问过张军医,为什么高寒区的藏族同胞不怕呢?他解释说,他做过不少心脏手术,本地人心脏较大,由于"适者生存"的原因,耗氧量相对比内地人低。其实他们到了北京,同样也会不适应。氧气充足,会使他们产生"低山反应",症状同"高山反应"差不多。离开和田,直奔乌鲁木齐,一

三 拿下第一条"贯通线",冒险挺进"无人区"中 59

天时间便穿越了号称"死亡之海"的塔克拉玛干沙漠,这是我国最大的沙漠,也是世界上第二大流动沙漠。"塔克拉玛干"在维吾尔语中的意思是"走得进,出不来",西方探险家斯坦因在 100 年前将其称为"死亡之海"。途中正赶上"沙暴",瞬间,漫天黄沙,滚滚而来。汽车在〇号公路上

作者到争议地区实地踏勘

行驶,犹如在浪中行舟,视线在五米之外什么都看不清。车只能减速前行,但绝不能停,停下来就成了遮拦障碍,有被黄沙掩埋的危险。于是,我想起了科学家彭加木,他就是在大沙漠中失踪的,我在部优抚局工作时,曾承办过其追烈事宜。给我开车的张主任告诉我,遇到这种情况,人也不能停,只能向高处或平光的地方奔,如果找沙丘避风,很快就会被流动的黄沙掩埋。沙暴一过,原来的一个个沙丘很快都改变了形状,这主要是由风向决定的。至于彭加木究竟是怎样失踪的,被流沙掩埋仅是一种可能。真是处处皆学问,不经一事不长一智,黄沙如"潮涌",这次算是领略了。

不日到达乌鲁木齐,经与勘界办的领导协商,8月初两自治区有关人员到京参加协调会,由他们再征询一下西藏方面的意见。由于在新疆另有行政区划调整的考察任务,暂停后即返京。

回到北京后,经与吴凤华同志商议,我代国勘办草拟了《对藏、新边界西段边界线走向的意见》(以下简称《意见》),共四条:

一、双方制定的《联合勘界实施方案》中认为,"争议的东、西

两段均以国务院《行政区域边界争议处理条例》为依据,由双方勘界工作领导小组协商确定"。因此双方在协商过程中提出的理由和意见,要以《条例》第二章的"处理依据"为依据。

按现行的勘界办法规定,边界线原则上以行政区域管辖的现状为基础划定。必须强调,这次勘界不是重新调整行政区划。

二、1980年西藏自治区上报的界线,应该认定是西藏自治区一方的划界意见。新疆方面则认为界线应在界山达坂,在双方认界不一致的情况下,如果西藏自"80"图还要再往北推移几十公里,理由不充分。

三、土地详查中,双方也是以1980年上报民政部、国家测绘局的画法进行接边的,并没有提出新的意见。所以现在以"80"图为基础划定西段边界走向,是有一定基础的。

四、这次到阿克赛钦湖进行实地调查,原则认定双方以"80"图划界是比较合理的,故不宜作新的区划调整。至于少数牧民在阿克赛钦湖附近游牧问题,建议新疆方面考虑到藏族同胞放牧的实际需要,划定一定范围的游牧区,以保证群众生产、生活不受影响,这也是必要的,故请新疆方面从实际出发,充分考虑这一现实问题。

此《意见》经国勘办主任批准后,为了统一勘界办公室全体同志的认识,注意好工作策略和方法,在召开两自治区的协调会前,我们把处理意见事先告知大家,我在《意见》前附言:

勘办各处长并各位主任:

藏新线已勘定1100公里(全线长1559公里),全部是由双方协商确定的。从此意义上讲,给全国勘界工作带了个好头。

但东西两段(450多公里)仍在协商中,为解决西段(约350公里)的贯通问题,我办已到实地作了调查,经李部长同意,已提出了我们的划定意见。但此"意见"只是口头放放风,不到万不得已不宜正式拿出来,旨在促进双方继续协商解决,以体现"协商"勘界的原则。此工作策略试行一下,以便从实践中总结出经验教训。

大家对此表示认可。

8月5日至6日,协商会如期在京举行。对东西两段的划界主张,各自陈述了意见,较前已有很大改进。最终,双方还是迫切要求国勘办提出意见。会后形成了《藏新两自治区勘界办公室关于藏新勘界工作北京协商会议纪要》。内容如下:

藏新边界线全长约1545公里,目前已经协商确定1100公里,对剩余400多公里未定边界线,双方勘界办公室在实地调查的基础上,于1996年8月5日在北京进行了协商。参加协商的人员有:西藏自治区勘界办公室主任强巴赤列、干部扎西、徐巧飞;新疆维吾尔族自治区勘界办公室主任张在洪、干部唐勇军。国务院勘界工作领导小组办公室副主任靳尔刚、二处副处长尹庆月、秘书处助理调研员吴凤华参加了会议并进行了协调。双方就协调情况形成纪要如下:

双方一致认为,藏新勘界工作有一个良好的基础。双方都

国勘办大门

愿以边界地区长治久安的大局为重,本着实事求是的态度,积极促使藏新线全线贯通。

对东西两段边界线的划定原则,双方各自表述了自己的意见(略)。

国务院勘界工作领导小组办公室,根据双方意见和实地调查情况提出了《对藏、新边界西段边界走向的意见》。

双方表示,对国务院勘界工作领导小组办公室的意见,暂时还难以表态,回去后,将本次协商中双方意见和国务院勘界工作领导小组办公室的意见向自治区政府汇报。

为了勘界,作者先后五次进藏
图为西藏勘界办主任
强巴(右)厅长给作者敬献哈达

两自治区勘界办主任强巴赤列、张在洪在八月六日的会议纪要上签了字。

国界是由国家主席签,省界是由省长签。省界划分是重要政务,能否接受协调意见理当是由自治区政府确定。八月二十日,西藏民政厅、勘界办联合向自治区人民政府以藏民字〔1996〕102号文上报了《请示》。《请示》中提出"为保持政策的连续性和严肃性,藏新边界西段和东段,应遵从当时政府上报的意见"。"在西段,鉴于我区阿里地区日土县松西乡牧民放牧及生活的实际情况,按照国务院勘界办在西段实地调查时所提出的意见执行,即我方在阿克赛钦(安木多果尔错注:藏语称该地地名)区域拥有草场使用权……长期不变"。自治区政府研究后同意了《请示》。至此,西藏已对藏新线画了圆满句号。

新疆在西段争议中,从未提出过在阿克赛钦湖地区设置过政权单位,也未提出过维吾尔族牧民在这里放牧和有混居的情况。它同意藏族牧民使用草场;同意国勘办提出的协调意见。客观地讲,两自治区在藏新长达1500多公里的边界线的勘定上,既是高度负责,又是顾全大局、互谅互让的。这在勘界史上真正树立起了一面旗帜,藏新线是全国正式勘界以来,第一条实现了全线贯通的省际边界线。

西藏自治区副主席
泽仁桑珠(中)与作者交谈

9月2日,在国勘办主任、民政部副部长李宝库同志主持下,西藏自治区副主席泽仁桑珠、新疆维吾尔自治区副主席玉素甫·艾沙在拉萨正式举行了签字仪式。对此,新华社发了通稿,各大媒体也作了相应报道。《中国社会报》记者史维勤以"藏新两区1559公里勘界线全线贯通"为题,作了较长篇幅的报道。她写道:

"李宝库副部长在签字仪式的讲话中,对藏新两自治区勘界工作取得如此进展十分赞赏,特别肯定了藏新线的全线贯通为全国勘界工作打响了第一炮。"

藏新线1559公里的边界线,东起布喀达坂峰,西接中印边界,平均海拔5000米左右,大部分是冰川和高山。国务院勘界工作会议之后,两自治区领导高度重视勘界工作,将其当作一件大事来抓。在中央经费没有到位,政策没有全部出台的情况下,他们不等不靠,主动接触,积极协商,很快将无争议的1100公里边界线勘定下来。今年6月份以来,为了将有争议的450多公里面积约一万平方公里的地段尽早勘定,藏新两区及国务院勘界办公室的数十位同志,发扬不怕苦,不怕死的精神,登上海拔5500多公尺的昆仑山北麓,深入空气稀薄,气候恶劣的阿克赛钦湖地区,进行实地考察,并本着实事求是、顾全大局、互谅互让的原则,进行了认真研究反复协商,终于将450多公里的争议线全部确定下来,所有矛盾全部解决,没有一公里遗留问题,从而使藏新线全线贯通,成为全国勘界会议以来的第一条贯通线,为全国勘界工作提供了宝贵经验。

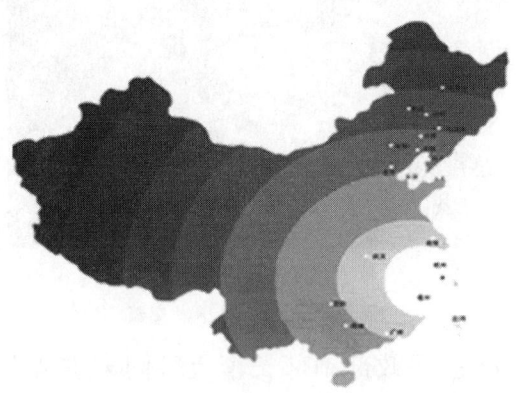

以点带面,全面推开

勘界开局之年,"以点带面"的"点"算是突破了,对全国勘界的"面"确实起到了推动作用。这是因为:一、在1996年下达的勘界任务中,数这条线公里数最长;二、藏新线地处海拔最高,这也意味着条件最艰苦;三、争议面积最大,涉及上万平方公里;四、是两个最大的民族自治区边界线,政治敏感性强。这条线能够勘下来,其他13条线(当年下达的勘界任务是14条省际界线)没有理由不加快勘界进度。九月二日藏新线举行的签字仪式,至年底还有九、十、十一、十二四个月,也就是还有全年三分之一的时间,只要上下齐心协力,不怕艰难困苦,保证完成当年勘界任务是大有希望的。

至年末，国勘办主任李宝库副部长对全年的勘界工作做了总结。他指出："1996年国务院勘界工作领导小组下达的勘界任务是：勘定涉及28个省（自治区、直辖市）的14条、总长度约为10256公里的省级边界线和23个三省边界线交会点。现已勘定省界9909公里，占下达任务的96.9%，确定三省交会点22个。截至1996年底，各地区已勘定县界约9万公里，约占县界总数的五分之一强。这些边界线连同勘界试点中确定的界线，成为我国有史以来由国家组织实施勘定的第一批法定界线，在依法治界上迈出了具有历史意义的第一步。"

四

两上小秦岭，
消解金矿争议于无形

作者在中南海（左一：司马义国务委员　中：民政部部长李学举）

横贯中国中部东西走向的山脉秦岭,也是中国重要的自然地理分界线。在秦岭主脊东部,是河南省与陕西省的传统历史习惯分界线。豫陕边界线全长271公里,除24公里为耕地相互穿插的台塬区外,均为山高沟深的秦岭山区。这条边界线由习惯线和争议线组成,秦岭主脊东部为金矿区,毗邻地区因资源属权问题而多次发生过边界纠纷,给当地的人民群众生产生活造成损失。

空中看秦岭

一 上小秦岭

豫陕边界线是1996年全国正式勘界以来的第一批需要勘定的省界。虽然边界线不长,但属于多次发生争议的"热点"地区,按照国勘办主任的分工,这条省界也是由我牵头负责的。藏新线勘定以后,我忙着抓冀辽线、晋蒙线和吉黑线。至于豫陕线,则主要靠上报情况和电话掌握其进展情况。豫陕两省对勘界工作非常重视,抓得也很紧。截止11月21日,已完成265公里的定界任务,占全线长度的97%。余下的两处约6公里,两省感到很难协商,双方都建议列为"争议区",这实际上是在等国勘办来人协调解决。对已定地段,两省都积极配合到实地认线定点、埋设界桩、测绘标图及资料汇总和整理。到了年底,国勘办除值班人员外,大部分同志在各地抓勘界工作未归。春节又快到,我只好带区划地名司办公室主任孙秀东同志同去这条线的未定地段踏勘。我们先乘机到西安,与省勘界办的负责同志接上头后,请其邀河南省勘界办的同志在小秦岭碰面。

从西安奔小秦岭,出城后即是山路。到达商洛地区洛南县后,向上爬,车就不行了。司机为难地表示:"现在雪已封山,车况路况都不好,对领导同志的安全没有保障,出了事我可不敢负责。"我向省勘办主任陆耀富同志重申上山的必要性,让他与司机师傅解释清楚,路上小心点就是了。另外,快过年了,可适当给他们增加些野外补助费。陆主任笑着回答说,这些司机表现都很好,你对这一带地形不熟悉,他们讲的都是实情。这次果然应验了,路坑坑洼洼,不时陷车,我和大家一而再、再而三地下车推车,前轮打滑后轮转,带起的泥浆溅得满身都是。孙秀东主任着急了,说:您没法换衣服怎么主持开会和工作,把我拉到一边。后来一打听,离目的地也就二三里路,干脆他们拖车,我们徒步上山,这样两不耽误。

山路十八弯

踏勘实地后,两省勘界办人员均已到齐。原来协商不成的原因是:河南方面主张,秦岭山脊刀背梁段向下延伸应以苍珠峪西岭脊为边界;陕西方面则认为,应以苍珠峪东岭脊为界。一西一东两个岭脊为界各有各的理由,两个岭脊的"中间地带"是争议的焦点,不仅是表面的土地资源,而更为重要的是双方都不愿明说的土地下面更"贵重"的资源。

选择哪一个岭脊作为省际边界线更合理呢？其实，陕西、河南两省勘界工作领导小组在1996年9月20日上报国务院勘界工作领导小组的《关于报送"联合勘定陕西省与河南省行政区域界线实施方案"的报告》中第三条、第四条就已经表示得很明确。

第三条，即确定边界线的基础和划定边界线的标准：（一）已明确划定或者核定的边界线，按照有关文件、协议、地图予以核定。已明确划定或者核定的边界线是指：根据行政区划管理的权限，上级人民政府在确定行政区划时明确划定的边界线；发生边界争议之前，由双方人民政府核定一致的界线。已粗略划分过但未落实的界线，以有关文件、协议、地图为基础，协商确定边界线。（二）在国家土地利用现状调查中，经双方县级以上人民政府核定一致并签订协议的无争议的界线，应予认定。（三）除（一）（二）两种情况外的其他边界线，应当选择能够反映行政区域界线管辖状况的地图为基础确定边界线。勘定省级行政区域界线时，以国务院勘界工作领导小组办公室提供的各省（自治区、直辖市）根据1980年国家测绘局、民政部《关于请标绘省、市、自治区行政区域界线的通知》标绘上报的行政区域界线图为基础确定界线，其中双方一致的且与实际行政管辖相符的地段，以双方一致的画法为基础确定边界线；双方标绘的边界线虽然不一致，但双方目前的实际管辖无争议的地段，根据实地的行政区域管辖情况确定边界线；双方标绘的边界线不一致，对于实际管辖情况又有争议的地段，按照《行政区域边界争议处理条例》解决争议并确定边界线。行政区域界线的勘定，原则上要与自然资源权属相一致。特殊情况必须分开的，在划定边界线的同时，要明确跨越边界线的自然资源权属，对骑线的地物、文物、自然保护区及不可分割的自然资源,在划定边界线的同时,根据有关法律、法规和政策的规定,明确管理和使用办法。

第四条,即核定和划定边界线时参照的标准以山为界的:沿分水线或山脊线划分边界线;以河流为界的:通航的河流,以主航道中心线划分边界线;不通航的河流,以主流中心线或河道中心线划分边界线。界河中的岛屿和沙洲,依界前的归属确认。以固定地物为界的:以关隘、堤塘、桥梁、沟渠、道路和其他坚固地物划分边界线。无明显地貌、地物的地段:以特定界点之间的连线划分边界线。

依照上述规定,这段有争议的边界走向划分起来并不难。第一,1993年5月7日,河南灵宝县与陕西洛南县在土地详查边界接边中达成了以苍珠峪西岭脊为界的接边协议。第二,1987年10月30日河南、陕西两省矿产资源管理委员会共同签订的《关于灵宝县苍珠金矿与洛南县陈耳金矿权属纠纷协商处理纪要》中确定,双方同意以总参测绘局1976年出版的1∶5万地形图所标省界(即苍珠峪西岭脊)作为采矿权属的基础界线。

"中间地带"的土地及土地下面的金矿资源在1987年和1993年已有过说法,而到了1996年划分省界又引起了争议。按照勘界政策衡量,此段未定的边界线走向,河南方面的意见是合理的。陕西方面坚持要以苍珠峪东岭脊为边界线的理由是:"双方土地部门1993年5月7日签订的接边协议,根据1991年《全国土地利用现状调查技术指导组、核心组第三次扩大会议纪要》研究决定,调查中的有关问题第(二)之(2)行政界线双方意见不一致,但通过协商达成一条工作界线。如按上述的规定处理,作为境界和权属界的依据不合适,它纯属技术接边,是业务问题,不涉及划界;且是洛南土地局干事王洛军签字,土地局局长及主管县长不知道,未能得到政府认可。"的确,当时全国开展土地详查时,是有"土地接边线"和"工作接边线"之说,如确定行政区域边界线,基本依据是"土地接边线"。后来,我们调取档案来查,双方所签订的是《河南省灵宝县与陕西省洛南县土地详查边界接边协议》。文件开头便是:"1993年5月6日至7日,在陕西省商州商洛宾馆进行了灵宝县与洛南县土地详查接边……"依此,

金矿石

可以认定是"土地接边线"。签字是洛南县土地局的王洛军同志,职务尽管不是局长、县长,但他是这一方面的代表,不能认为是无效签字。公务员执行国家公务活动,无论职务高低,一旦授权他作为代表,他所执行的一切公务就不能看作是个人行为了。何况在这份协议书上签字的还有商洛地区土地局的陈××、三门峡市土地局的李××、灵宝县土地局的蒋××。争议的核心是土地下面的贵重资源金矿。至于1987年10月30日双方签署的"金矿权属纠纷协商处理纪要"这份重要的文件依据,双方都未出示,估计是他们没有掌握。

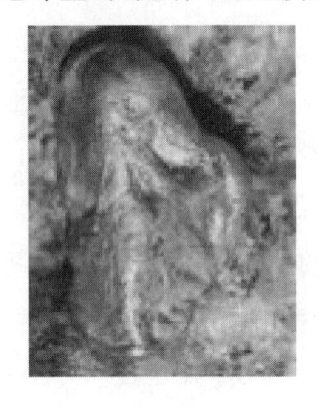

金矿

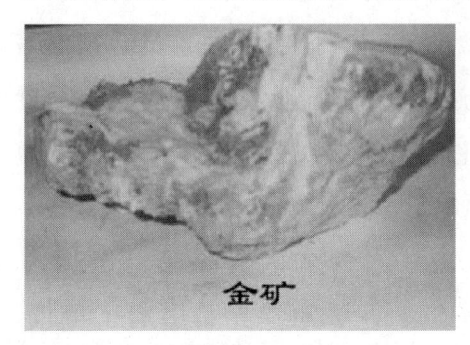

此次调查后我心里基本有了底。我将所掌握的情况及倾向

四　两上小秦岭，消解金矿争议于无形　73

性意见私下告诉了与我上山同行的陕西省勘办主任陆耀富同志,他答应抓紧做做地区和县里的工作,力争通过双方互谅互让的协商解决。之后,两省签订了《河南省与陕西省关于苍珠峪西岭脊段的边界线走向协议书》,此段问题解决了,不过整条线问题并未得到彻底解决。另一未定地段则更为棘手。

二上小秦岭

1998年11月12日,河南省政府办公厅向国务院办公厅呈送了报告。报告中提出:

为了巩固小秦岭金矿区治理整顿来之不易的成果,消除省界地区的不安定隐患,我们提出以下建议:

1. 恳请国务院勘界办公室会同国土资源部等有关部门牵头,尽快确定豫陕两省有争议地段的边界问题。这是解决目前豫陕两省

秦岭深处烟雾迷蒙,
远山在云海中若隐若现,
宛如仙境
形成了秦岭中不多见的自然景观

矿界纠纷的根本途径。

2.在省界争议问题未达成一致意见之前,双方要维护现状,共同遵守两省政府达成的联合勘界协议,坚持实行在未定省界地区的"三不准"政策(即不准移民、不准设政权组织、不准破坏自然资源)。两省人民政府要尽快分别责令南闯和李家金矿坚决停止在坑道内的一切生产活动,封堵坑口,维持现状。必要时可联合组织监督组,相互监督现场。其他人员必须撤离坑口,严禁公安、武警等人介入矿产纠纷。

3.为了全面落实罗干同志的批示精神,我省已致函陕西省人民政府,建议于11月中、下旬两省认为合适的时间,就尽快解决两省未定边界地段采矿纠纷问题进行会晤协商。届时将函请国务院勘界办公室和国土资源部领导到会指导并主持。

11月16日,国务委员罗干同志在报告上批示:"请勘界办会同国土资源部尽快解决有争议地段的边界问题,公安和武警人员的职责是维护良好的治安秩序,不能介入矿产纠纷。"接到批示后,民政部立即召开会议进行研究,同时与国土资源部沟通联系,就派员问题互通情况,12月1日,民政部致函河南、陕西人民政府办公厅:

根据罗干同志11月16日的批示精神,经与国土资源部商定,由我部区划地名司司长、全国勘界工作办公室副主任靳尔刚和国土资源部矿产开发管理司副司长王宗亚率领的联合调查组一行7人,定于12月5日赴河南、陕西两省协调处理灵宝与潼关边界及矿业纠纷问题。

四　两上小秦岭，消解金矿争议于无形　75

登上豫陕边界的小秦岭分水岭

调查组工作安排如下：

12月5日，到达灵宝。

12月6日—7日，听取两省及有关部门对边界问题的处理意见，并由两省及有关部门进行协商。

12月8日，实地调查后到达潼关。

12月9日—10日，听取两省及有关部门对矿业纠纷的处理意见，并由两省及有关部门进行协商。

12月11日，通过两省边界及矿业纠纷协调会议纪要。

12月12日，返回北京。

协调会议和实地调查的各项准备工作及两省与会人员由两省商定。

此次去秦岭，一切按照电函的日程安排进行。

发生争议的原因其实并不复杂。在这段未定边界地段，陕西省潼关县有50亩"飞地"嵌入河南省灵宝市(已县改市)境内,"飞地"竟是黄金产区。1998年10月16日,潼关县有关部门向正在这里作业的灵宝市豫灵镇的南闯金矿发出责令撤离的通知,要求他们三天之内停止一切非法开采活动。河南灵宝不予理睬。10月22日,陕西潼关县矿管、环保、公安等部门对这一带巡查,发现他们仍在采矿和"三小"提金活动,便进行了强制清理。在清理过程中,遣送灵宝矿工50多人,对金矿坑口封堵、采矿设备及矿石派出人员进行"看守"。这一举动激怒了灵宝,他们认为这是陕西潼关警方进入河南省境内金矿抢占坑口夺占设备的严重事件。罗干同志得知情况后立即作出批示,要求陕西省政府迅速核实潼关警方占据河南南闯金矿一事,如情况属实,应立即撤出;另外,还特别要求两省政府采取措施控制事态发展,防止发生大规模的群众械斗事件,维护省界地区的安全。

  陕西省接到罗干国务委员的批示后,立即责成潼关县有关人员无条件撤离南闯金矿坑口;潼关县政府也有令必行,按要求于10月28日中午将所有驻守在坑口的人员全部撤离。这一撤离行动应该说是非常及时的。就在潼关方面将驻守在南闯金矿的全部人员撤离之后的3小时,灵宝方面有"32辆吉普车、一辆康明斯大卡车满载武装人员约300人,持枪闯过潼关县西峪联合检查站,进入两省有争议的交界区"。一场即将可能发生的武装械斗事件就这样避免了。当晚7时,潼关县与灵宝市政府的负责人在争议现场达成了双方在争议区域不得进行采矿活动、维持现状的协议。

  受国务院委托的联合调查组按时到达目的地,就边界纠纷和矿业纠纷进行分组调查。与我同行的司办公室主任孙秀东同志随国土资源部的王宗亚副司长调查矿业问题；我同国勘办的张卫星同志、国土资源部的宋伯庆处长赴实地调查边界问题。矿业与边界两者之间，边界划分是主要矛盾，但争议的核心是金矿资源，这一点是不言而喻的。河南方面的意见，豫陕线尚未贯通的这一段，应从已定的两省边界至5号界桩起，大致向东南沿柳林沟至秦岭岭脊，再向东偏东北，沿岭脊行至2261米高程点，两点相接贯通。陕西方面却提出了走扫帚沟的与河南完全相反的意见。

　　河南坚持以柳林沟为界的理由有三：一、历史与现状都以柳林沟为界。柳林沟中的小河是西峪河上游正南方向一条干流，比其他沟中的水都大。沟中有三处泉，长年涌流。据历史记载，陕州（今河南三门峡）专员欧阳珍与陕西大荔专员定界时，将三处泉水中的二处泉眼划给河南；柳林沟中有一大石，上面刻有"中石山"三字，该石以西为潼关县，以东为灵宝县。沟中的道路多年来是陕西洛南县和灵宝县豫灵镇相互交往的唯一道路，至今形成一条习惯线。二、其对柳林沟一直实施林业管理。从管理沿革上看，包括柳林沟在内的大西峪历来属河南管理。1964年11月14日，灵宝县人民委员会为大西峪林场颁发了林权证。1990年2月，河南省人民政府授权灵宝县人民政府颁发给河西林场的林权证的附图所示，林区西南端界至柳林沟。河西林场隶属关系多年来虽经几次变化，但其管辖的22.7万亩林区始终没有变化。三、河南文峪金矿的采矿范围包括柳林沟。河南文峪金矿系国家经贸委黄金局直属的大型国有金矿山企业，其矿区范围明确。按照长春设计院的施工要求，在柳林沟口向南0.5公里处建有11号水泵站和高压线路。

基于上述原因,河南方面恳请国勘办领导本着尊重历史、实事求是、客观公正的原则,合理划分豫、陕两省的未定省界。

　　陕西方面则提出,多年来潼关县人民政府对蛇沟、柳林沟、东坡一直行使着行政管辖权。1982年,冶金工业部黄金矿山建设公司第六井巷公司在这里承担地质探矿施工时,就是向潼关县政府报送了征用地申请,并因其擅自毁林事件,接受了我潼关县的处罚。1989年潼关县人民政府核发的国有林林权证中包括蛇沟、柳林沟和东坡。从5号界桩起,沿现行管辖的扫帚沟向西偏南沿大樸岭脊行至2261高程点,两点相接是公正的,合情合理的。

　　协商边界走向,双方没有丝毫的让步迹象,所谈划界依据,理由都很充分。表面看来,无论哪一方提供的证据,都符合定界政策。但作为一条省界,总不能划出两条红线吧!不仅我这位勘界的副主任没办法,联合调查组的每一位精通划界的大员,谁也拿不出"准招"来。若在平时,陪同调查组前来的两省勘界办领导,如河南的朱昆明厅长,邹敏庆、张宏广主任,陕西的山振兴厅长,宋和平、陆耀富主任,对我都是热情有加、尊重有余,忙前跑后地关照。现在在勘界问题上说什么都不灵了。

　　思想决定着观念,观念的转变办法就会有。我们向林业部和地矿部门调查,迈开双脚到柳林沟和蛇沟调查,向干部群众调查,以解决问题的各种情况中去调查,边调查边思考,脚下的鞋被坎坷的乱石路蹭坏了,衣服也常常被荆棘剐扯破。陪同我到实地踏勘的潼关县县委书记张永安说,要不是这次边界纠纷,他都无缘到这山沟来,北京部委的司局长们没工作这么辛苦,工作这么深入实际,对我们也是个教育。到一想到"功夫不负有心

四　两上小秦岭，消解金矿争议于无形　79

人"，办法终于在脚下"朦胧"产生了。河南提出的柳林沟原来是个不通沟、半截沟，走一段路之后就是陡壁，一眼望到山崖。相比之下，蛇沟是主沟，柳林沟仅是个副沟。这从划界的技术方面考虑，半截沟和副沟都不宜作为边界线。与我同去的张卫星同志是个老"边界"通，北京师范大学地理系毕业的研究生，勘界经验丰富。我们私下商量，以蛇沟为界从技术上是站得住脚的。从矿业纠纷调查回来的孙秀东主任拿来一张矿区划分示界图，分界线恰定在蛇沟。另外，河南省1980年上报的自己标绘的省界也是蛇沟。诸多因素综合分析，把蛇沟定为省界是合适的。陕西提出沿东坡边缘划界也不科学，尽管他们依据是现行的管辖现状，跨过蛇沟在河南一方楔进一块三角地，尔后连线也不合常理。河南要求以柳林沟为界也是跨过蛇沟在陕西方楔进一块三角地，两个三角对接变成一个菱形块，中间线就是蛇沟。以蛇沟为界真是天工巧成。

　　此时我们心里已经有了底数，就向联合调查组内部通报了情况，除张卫星同志提出要进一步征求一下国家林业局的意见外，其他同志未表任何异议。按照工作日程安排，召集两省的协调会，明知不会有"奇迹"发生，但也必须让他们双方互谅互让，

秦岭陕西界碑

协调解决。

两省勘界办的同志们压力实在太大了。这是因为,在所有的争议中——土地争议、林业争议、水资源争议、草场争议、矿区争议——中,金矿争议是最难解决的。哪一方,都不愿首先提出让步的举措,这是我几次处理金矿争议的实践体会,何况这块争议区是富矿区,矿含金量高达 25 克/吨,这我倒是第一次听说。我请潼关县的多林副县长给我找一块矿石看看,果不其然,闪亮的黑色矿石上布满了看得见的金粒,在阳光照耀下熠熠发光,煞是好看。后来我把这块矿石带回北京,用万能胶粘在玻璃架上,放置在家里的展柜上。据说,四卡车的矿石产金量就能买一辆大解放车。如此贵重资源之争,谁敢承担责任作出让步呢?

"矛盾上交"也是处理问题的一种方法。出于无奈,我向默不作声的豫陕两省出席会议的代表宣读了《关于解决河南省灵宝市与陕西省潼关县边界问题的协调意见》(以下简称《意见》)。即:"根据国务委员罗干同志的批示精神,1998 年 12 月 5 日至 9 日,民政部、国土资源部联合调查组赴河南、陕西两省协调处理边界及矿业纠

寒冬腊月边界线也有好风光

纷。经实地调查和多次协商,两省未能就边界问题取得一致意见。调查组在实地调查的基础上,根据国家有关政策、法规提出协调意见如下:一、行政区域划界问题。从豫陕两省已定边界的

5号界桩起,大致向东南沿西峪行至柳林沟和蛇沟交汇处,转向东南沿蛇沟行至秦岭岭脊,再折向东偏东北沿岭脊行至2261高程点处,作为豫陕两省边界线。二、有关资源问题。行政区域界线划定后,资源的开发利用和管理按国家有关政策、法规执行。民政部、国土资源部联合调查组,1998年12月9日。"

参加协调会的两省同志对我宣布的《意见》,没有掌声,也没有抗议,仍旧是默然的沉静。最后,双方提出把《协调意见》带回省里汇报,省里有何意见再向国务院报告。说实在话,这种结局是我最满意的。一方高兴另一方反对,恐怕出了偏差;争议的双方都很高兴是从来没有过的;双方都无声地表示不满意可能处理的是比较公正的。这是参加勘界工作以来处理争议问题的切身感受。至此,联合调查组应该返回北京了。

回京后,我召集联合调查组成员及国家林业局的有关同志,商议向国务院的起草报告。经征得三家业务主管部门负责人同意后,即正式向国务院报送了《关于豫陕两省边界争议调查情况及处理意见的报告》(以下简称《报告》)。

《报告》中提到:"1998年8月9日,河南省灵宝市南闯金矿和陕西省潼关县李家金矿同时非法开采并进入两省未定边界地区,引发了两省边界及矿业纠纷。国务委员罗干同志对此先后作出三次重要批示。根据第三次批示精神,民政部、国土资源部组成联合调查组于12月5日至9日赴实地调查并协调处理有关问题。期间,调查组分别在河南省灵宝市、陕西省潼关县召开了豫陕两省边界及矿业纠纷的协调会议,听取两省民政厅、地质矿产厅和三门峡市、灵宝市、渭南市、潼关县政府的汇报,组织实地调查,并进行了多次协调。因双方分歧较大,未能取得共识。

一、矿业纠纷有关情况及我们的意见。据调查,1996年12月,河南省灵宝市南闯金矿与文裕金矿签订联合探矿协议。在探矿过程中,南闯金矿越出文裕金矿矿区范围进入两省未定边界区域内采矿。陕西省潼关县李家金矿无证坑口位于潼关县境内西峪黄金草坪沟。李家金矿在无证采矿过程中与无证采矿的南闯金矿在两省未定边界地区贯通。鉴于以上事实,河南省灵宝市地质矿产局和陕西省渭南市矿产资源管理局依据《中华人民共和国矿产资源法》等有关规定,分别对南闯金矿和李家金矿作出了处罚决定。为落实好罗干同志的批示精神,1999年1月21日,国土资源部办公厅给豫陕两省地矿、土地厅(局)下发了《关于进一步稳定豫陕两省边界小秦岭地区矿业秩序的通知》(以下简称《通知》),关于河南省灵宝市西峪上里木沟南闯金矿无证坑口附近的潼关县50亩飞地问题,《通知》要求两省土地管理局分别责成有关土地管理部门,共同按照(国函〔1998〕55号)的内容,进行核实,确定飞地的范围,避免发生新的矿业纠纷。《通知》同时要求河南、陕西两省各级地矿行政主管部门共同遵守和严格执行有关规定,强化稳定矿业秩序的责任,坚持依法行政,按照"谁管辖,谁治理,谁出问题谁负责"的原则,抓好治理和维护措施的落实工作。目前,《通知》中所要求的内容已基本得到落实。该地区没有再发生矿业纠纷。

二、边界争议有关情况及我们的意见。豫陕未定省界共2处,约6公里,此次争议涉及灵宝与潼关约2.1公里,位于已定省界的5号界桩至2261高程点间,对于此段界线的划界问题,河南省灵宝市主张以柳林沟为界,陕西省潼关县认为以扫帚沟、蛇沟东侧大梁为界。我们认为,柳林沟是西峪的支流,蛇沟是西峪的主沟、主流,是历史习惯的分界线。1981年,河南、陕西两省民政厅、测绘局组织对两省行政区域界线进行核实后上报民政部、国家测绘局的省界画法,均以蛇沟作为两省的行政区域边界(河南测绘局在上报国家测绘总局的同时抄报省人民政府;陕西上报的画法经省长办公会审议并原则同意)。1982年,潼关县政府对冶金部黄金矿山建设公司第六井巷公司在蛇沟东侧的毁林施工进行了处罚,行使了行政管辖的职权。而林业经营界线并不代表行政管辖范围。目前,该区域内实际行政管辖与双方上报省界画法是基本一致的。按照《行政区域边界争议处理条例》第八条第二款和国发〔1996〕32号文的规定和要求,以蛇沟作为两省的行政区域界线是较为合理的划界方案。按照《行政区域边界争议处理条例》第十一条规定,国务院受理的省、自治区、直辖市之间的边界争议,由民政部会同国务院有关部门调解;经调解未达成协议的,由民政部会同国务院有关部门提出解决方案,报国务院决定。现将我们的解决方案报上,请国务院决定。"

　　国务院时任副秘书长徐荣凯同志收到《报告》后,很快向国务院领导提出意见:"建议同意两部(民政部、国土资源部)的裁定意见,报请司马义同志批示。"司马义国务委员作了"同意"的批示,同时写了"请罗干、忠禹同志批示"的意见。罗干、王忠禹两位国务院领导都圈阅表示同意。

　　民政部、国土资源部以民行函〔1999〕94号发出了《关于解决河南省与陕西省边界及矿业纠纷有关问题的通知》(以下简称《通知》)。全文如下:

　　河南省、陕西省人民政府:

1998年12月5日至9日,民政部、国土资源部受国务院委托,就河南省灵宝市与陕西省潼关县边界及矿业纠纷的有关问题进行了实地调查后提出的《关于河南省灵宝市与陕西省潼关县边界争议问题的处理意见》,已经国务院批准。现印发你们,请认真遵照执行,并做好有关干部、群众的思想工作,维护边界地区的稳定。

《通知》中提到的"处理意见"基本上是"协调意见"的翻版,在文字修饰上略有改变,具体的文字表述是:根据《行政区域边界争议处理条例》(国务院令第26号)和《国务院关于开展勘定省、县两级行政区域界线工作有关问题的通知》(国发〔1996〕32号)的有关规定,对河南省灵宝市与陕西省潼关县边界争议问题提出处理意见如下:

一、行政区域界线自豫陕两省边界的5号界桩起,大致向东南沿西峪行至柳林沟和蛇沟交汇处,由此转向东南,沿蛇沟沟底行至秦岭岭脊,再向东偏东北,沿岭脊行至2261米高程点。

上述地段界线用红色实线标绘在中国人民解放军总参谋部测绘局1976年版的1∶5万地形图上(附件,原图一份存民政部)。

二、行政区域界线划定后,资源的开发利用和管理按照国家有关法律、法规及政策另行处理。

处理意见附图。

两上小秦岭,帮助解决两处未定地段。而这两段加起来也就是6公里,但都是黄金产区。一处是双方协商解决,一处是裁定解决。说起来也真是"无巧不成书"。在苍珠峪段,陕西要求省际界线走苍珠峪东岭,协商定界的结果是走了苍珠峪西岭;在蛇沟段,河南要求以柳林沟为界,陕西要求走扫帚沟,定界的结果却是中间的蛇沟。完全是无意识的搞了个平衡。后来,国务委员司马义同志见到我说:"豫陕边界金矿争议,你们处理得很好。他想多占你一块,你想多占他一块,结果你们在两家争议的中间给他们划了一道儿,我看很公平,所以我很快就签了同意的意见。"当然,这是国务委员的玩笑话。实际上,他审批争议的报批件是非常审慎的,哪怕有一点不清楚的地方,也会让鲍学全秘书打电话或通过其他途径搞清楚。因此,处理那么多边界争议的棘手问题,从未发生过反弹现象,故我们作下属的,也从不敢有半点儿的懈怠和马虎。

小秦岭豫陕边界界碑(背面为陕西省)

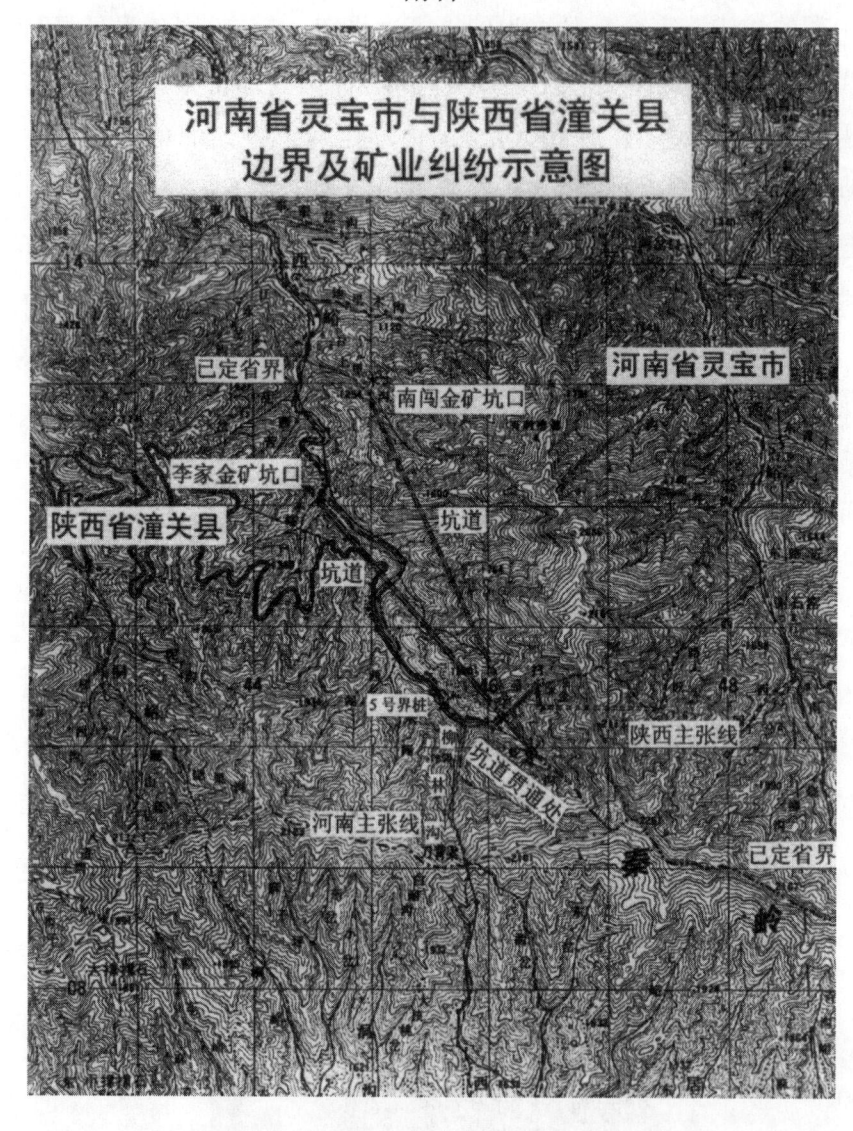

附件

附图

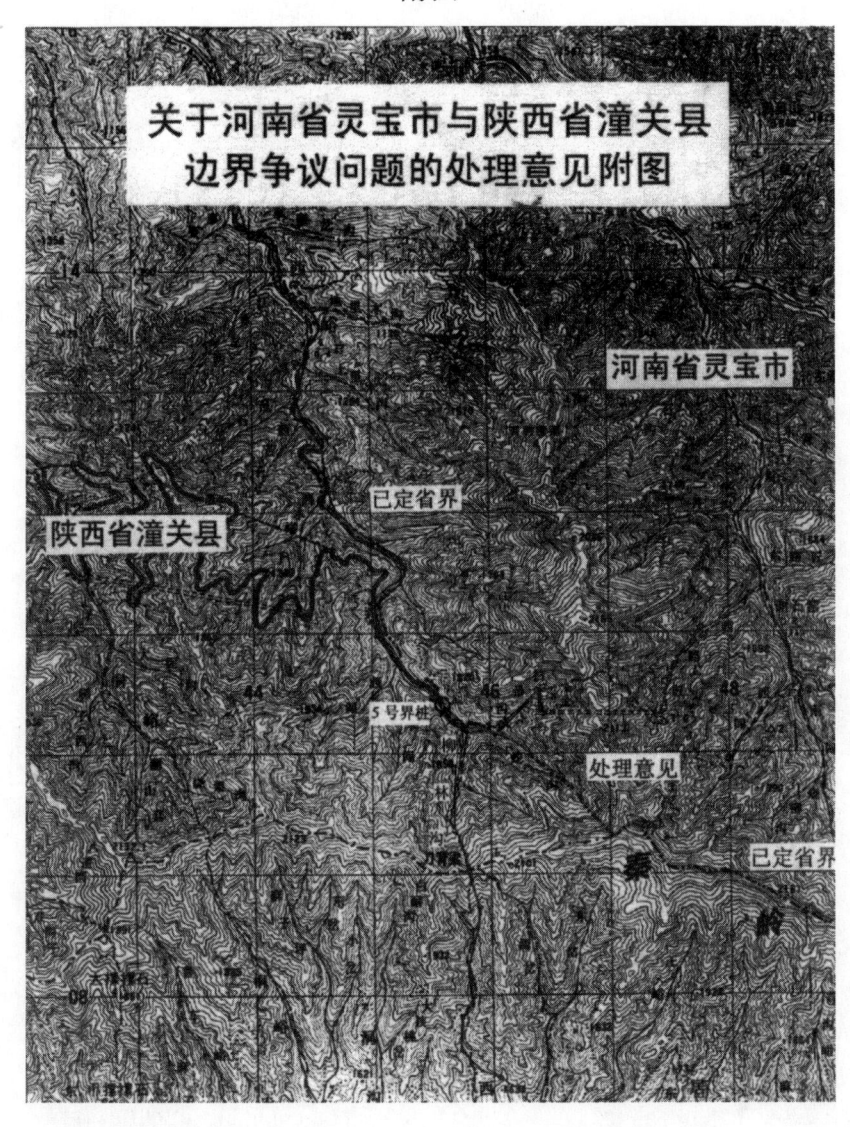

五
不因划界而扰民
吉黑线勘界创出新经验

作者与国勘办副处长张卫星(左一)合影

吉黑线全长 1505.1 公里。界线总体呈西北东南走向,地形为东南高西北低。西北起点始于蒙吉黑三省区边界线交会点,东南止于中华人民共和国与俄罗斯联邦边界线。双方共有 9 个市

海浪河几乎全被雪盖住了,只有几处露出一点河水

(州、地区)、15 个县(市、区)接壤。这条省际边界线大体可分为东西两段,西段主要以嫩江、松花江、拉林河为界,一般为耕地、草地;东段主要以山脉为界,多属林地。

作者(左二)与勘界人员
爬"老爷岭"前合影
左一:国勘办秘书处处长李秋宝
右三:陈德彧

吉、黑两省行政区域界线勘定工作列入 1996 年国家任务,国勘办主任分工由我负责。至 1996 年 8 月 30 日,在双方的共同努力下,共勘定 1262 公里。至此,尚有五处、长约 200 多公里未能取得一致意见,暂时搁置。

这五处未定界线中,争议面积最大,最难协商一致的是海浪河、尔占河源头地区。它位于吉林省敦化市琵琶顶子、锅盔顶子以北,在张广才岭的东部,黑龙江俗称"老爷岭"。从边界的"习惯线"讲,通常把山脉的

五 不因划界而扰民 吉黑线勘界创出新经验

分水岭作为边界。此段边界不然,恰恰越过岭脊向北伸出了一个"大舌头"。这个"大舌头"就是海浪河、尔占河源头争议地区。

黑龙江的主张线很明确:"老爷岭山脉的琵琶顶子、锅盔顶子分水岭。分水岭是一个天然屏障,是明显的行政管理界线。分水岭南北两侧各自形成了自然的生产流程运输线。"他们还认为,"大舌头"地区历属黑龙江管辖。"新中国成立以来,这一地区一直由黑龙江开发、经营和管理,这里的资源权属,一直归大海林林业局和东京城林业局经营管理着,这里的资源界线和行政界线也完全是一致的。"

作者在"老爷岭"原始森林留影

勘界人经常席地而坐
共进"野餐"

对于这个难题,还真需要到实地调查明白。"五·一"节过后,按工作日程安排,我同国勘办秘书处(后改为秘书组)处长李秋宝、司里的干部陈德彧直赴黑龙江,先从这一侧把问题查清楚。陪同我们调查的有分管厅长杜临涛、黑龙江森工总局副局长韩连生等。韩局长建议要把吉黑两省的省界从地形上看清楚,最好乘直升机沿老爷岭岭脊飞一趟,一看即明。直升机由森工总局派出。后因航线难以调整,改为徒步登山,由海林林业局派员工领路。俗话说,"上山容易下山难"。但对于这一帮经常坐办公室的男男女女来说,爬这么高的山是何等的不易。一个个气喘吁吁不说,衣服都被汗水浸透了,跟上的人越来越少。森林下面是多年生就的灌木和覆盖的枯草,时不时有人陷进草坑。初始爬山的那种兴奋度越降越低,力气越来越小,快到中午11点了,我一打听路程才爬了不到一半。我和女厅长杜临涛商量,既然爬不到山脊就别爬了,折回来在这一带争议区看看有多少吉林方面的群众与黑龙江的群众混居,也能说明问题。她当即表示同意。顺便在这插进一段插曲儿,我们只听说过东北的"小咬"厉害,在这几天的调查中已领教过,但从未听说森林中还有草爬子,被它叮住后千万不可用手去拔,只能用火烧或其他办法让它把钻进肉里的头自动退出,如果自己用手去拔,草爬子的头就会断、嵌在肉里。因其有毒,皮肤会发肿、化脓、溃烂。因怀有这种莫明其妙的心理,下山后回到林区宿地,第一个科目便是脱换衣服。果然发现,在我的裤子上还真的爬着两个草爬子,幸亏隔着衬裤没有叮进大腿。我赶紧叫李秋宝、陈德彧来帮忙处理。结果,好几位同志也有类似的"发现"。

此次调查虽然没有登上山脊,但基本情况还是查清了。在这一地区,居住生活的主要是黑龙江森工总局所属的大海林、东京城林业局的部分林业职工及其家属子女。地方政府(海林市、宁安市)在这一地区设立了14个街道办事处或管委会。通过户口调查,未发现有吉林省的群众在此争议区内进行生产或生活,也没有在此设立政权单位。这块面积多达1800平方公里区域也确属黑龙江现行管辖。省际边界线如何界定,不能说不是一道难题。

此后,我又率队到吉林省一侧对吉黑线未定地段进行实地调查。《中国勘界纪实》(上卷)第189页记载:"1996年11月29日至12月3日,国务院勘界工作领导小组办公室副主任、民政部区划地名司司长靳尔刚、处长李秋宝、副处长尹庆月、林业部林政资源司处长满家正深入到涉及吉黑线的吉林省敦化市、汪清县以及延吉市进行调研。"通过对双方争议区的调查,基本上摸清了底数。勘定省界的原则是依靠双方协商划定,这样处理最为稳妥。国勘办不轻易拿处理意见,可以到争议地调查,掌握第一手材料,也可以根据调查情况从政策上指导双方力争通过两省协商解决。如果双方共同要求国勘办派人协调商定,国勘办代表可以提出协调意见,在双方原则同意协调意见后,由双方或三方(即国勘办代表)签字,这样未定边界线从技术上可以看作是确定了。但吉黑线的五处未定地段离定界这一步差得很远,双方协商余地还很大。调查组从延边州返回长春后,吉林省委的负责同志接见我时说:"条件不成熟时不要急急忙忙定下来,勘界可以先易后难,最后剩下的(硬骨头)地段,可以按性质分分类,排排队,集中起来做些研究,针对不同性质和特点,采取不同的方法去解决,我认为是可以一个一个地攻破的。那时你

山根下吃饭更香甜

们积累的经验也多了,办法自然也就多了。"对于这位领导同志我很尊重,他对勘界的业务工作很熟悉,也深知勘界工作的重要意义。为了国家的安定,人民的安宁,他曾发誓:"就是头拱地,也要把界勘下来。"他的建议对我们的勘界工作很有指导意义,全国勘界到了最后的攻坚收尾阶段,也就是照此办的,果然收到了很好的效果。

吉黑线的边界遗留问题,至2000年2月初,五处未定地段,四处得到解决。国勘办二组组长尹庆月同志,专门写了《关于吉黑线边界遗留问题协商会议情况报告》,原文是:

靳司长:

应吉黑两省勘界办公室的邀请,受您的委派,我和国家林业局资源司调研员赵德明同志于2000年2月14日至18日,赴黑龙江省哈尔滨市参加了吉黑两省勘界办公室就解决吉黑两省边界遗留问题召开的协商会议。现将有关情况报告如下:

一、会议议程

遵照您的指示精神,吉黑两省勘界办公室就这次会议议程进行了安排,具体议程:(一)双方毫无保留地交换各自掌握的有关吉黑边界遗留问题的历史及现状资料;(二)针对吉黑边界遗留问题的具体情况,商定解决吉黑边界遗留问题应遵循的原则;(三)遵照双方商定的原则,参考有关历史和现状资料,协商确定吉黑边界遗留问题的解决意见。

二、会议成果

两省勘界办公室经过充分协商,在我和赵德明同志遵照您的意见进行的协调指导下,签订了《关于解决吉黑线边界遗留问题第一次协商会议纪要》。纪要确定了解决吉黑边界遗留问题的四条原则;确定了划定西大泡、小烂泥沟、小黑瞎子沟、大黑瞎子沟地区以及中股流和老火锯后沟地段的具体划界意见。

会议期间,两省勘界办公室就这次会议未能解决的问题充分交换了意见,商定:海浪河和尔占河地区待请示双方政府后,再进行协商;对中俄边界确定后划入的林区,由民政部和国家林业局提出意见,两省遵照执行。

三、对解决吉黑边界遗留问题的初步考虑

经过这次会议,吉黑边界遗留问题只剩海浪河、尔占河地区和中俄边界确定后划入的林区两处。对解决这两处遗留问题,会议期间两省勘界办也充分交换了意见,为最终实现吉黑线全线贯通奠定了基础。根据双方交换意见的情况,我初步考虑可采取如下步骤:

(一)海浪河、尔占河地区

根据这次会议两省勘界办交换意见的情况,下一步两省勘界办公室将把双方意见及依据充分向各自省政府作详细汇报,并促成两省主要领导在今年三月召开的全国人大会议期间交换意见,然后两省勘界办公室按照两省政府的意见再进行协商,国家民委、民政部和国家林业局组成工作组进行协调。如协调不成,则视两省勘界办公室协商情况采取如下办法:

第一是由国家民委、民政部和国家林业局联合提出解决意见，请两省贯彻落实。

第二是请两省政府各自向国务院呈报关于解决这一地区行政区域界线问题的请示，由国务院裁决。

尽可能采取第一种办法，这样程序可简化一些。

(二)关于划入的林区问题

吉黑两省均未对这一林区进行开发，且森林资源属国家所有，两省表示请民政部和国家林业局提出意见，两省无条件执行。鉴于此，我们可会同国家林业局搜集这一地段中俄边界的走向位置，必要时到实地调查了解情况后，提出具体划界意见(我在此批注："可以，原则上可考虑均衡划分")。

特此报告。

我完全同意尹庆月处长对吉黑线遗留问题的看法及解决意见，并将报告呈送李宝库部长阅知。李部长也赞成，速圈阅后退我。

4月29日，林区段边界划定。这样，1500多公里的吉黑线仅剩下"大舌头"这一段了。至于这个难题，我反复进行了思考，并到双方的实地进行过调查。如果按照常规，沿老爷岭分水岭划界比较合理，而且也符合国际惯例，这是其一；其二，从生产流向上分析，此为林区，山上所伐木材顺坡而下，直顺海浪河、尔占河，漂送可大大降低劳动成本。吉林则要翻过山脊，否则就要借道黑龙江绕行，造成种种不便；其三，通过调查证实，伸出的"大舌头"这上千平方公里的现行管辖确属黑龙江。历史形成的这个边界难题，就看我们勘界工作人员如何破解。

依照勘界政策，"大舌头"属吉林证据充分。1954年东北六省并为四省时，是中央人民政府批准同意的。"东北区地图"上标绘的吉黑两省界线上,这一地区划在了吉林省境内;1956年8月23日,吉林省民政厅向内务部(民政部前身)上报的《吉林省民政厅关于报请核准吉林省行政区划草图的报告》,内务部办公厅于9月25日经审核后下文(内民〔56〕字第1394号)"同意你省编绘的'吉林省行政区划图'",这一地区也划在吉林省境内;全国发行的《中华人民共和国地图》上,也将这一地区划归吉林省,因此形成这个"大舌头";内务部以(内民〔56〕第363号)文件正式批准的黑龙江省人民委员会办公厅于1956年2月7日给内务部上报的"请速审查我省行政区划图的报告"及所附1∶80万

在寂静的旷野聆听天籁之音

《黑龙江省行政区划图》,清清楚楚地将海浪河、尔占河、小山北沟地区划在吉林省的版图内。

总之,黑龙江强调现行管辖现状;吉林强调新中国成立以来所有资料、地图证明"大舌头"属吉林省,其现行管辖是"越界"的。

对此处争议,双方政府都很关注。早在1997年1月10日,

吉林省分管省长就来部汇报过此事,阎明复副部长代表民政部热情接待,听完汇报后指出:"一、吉黑边界遗留问题比较复杂,涉及林业等方面的问题。从目前双方协商情况看,靠两省勘界办公室解决难度还比较大,希望两省政府领导就这些问题进行接触,协商解决。从国家的长治久安,民族团结的大局出发,以实事求是的科学态度,互谅互让,团结协商,换位思考,积极寻求解决问题的办法和途径,力争把问题解决在两省,不把矛盾上交。二、为了加大勘界工作的指导力度,我们将会同国务院有关部门,积极协助两省把这些遗留问题解决好。三、在遗留问题未得到解决之前,两省政府要积极做好有关边界地区干部群众的思想工作,维持边界地区群众的生产生活现状,维持边界地区稳定,不能发生新的矛盾。"2000年3月2日,黑龙江省副省长王东华同志率民政厅、省森工总局、省民委一行11人来民政部汇报。听取完情况介绍后,李宝库副部长先让我谈谈意见。我认为:

吉黑线遗留问题还是以两省协商解决为好,届时国家民委、民政部和国家林业局将组成工作组进行协调。如两省协商难以达成一致意见,可先由国家民委、民政部和国家林业局共同提出协商意见,尽可能通过协商解决。

关于吉黑线的情况,我作过调查,但不是很细。据我掌握的情况,海浪河、尔占河源头地区由黑龙江经营管理是多年形成的事实,但新中国成立后出版的中华人民共和国地图却把这一地区划在吉林省境内,特别是1956年内务部对吉林省行政区划图的审核意见,同意吉林省编绘的吉林省行政区划图,而且黑龙江省出版的行政区划图也将这一地区划在吉林省境内。可以认为目前中华人民共和国地图上标绘的界线是这一地区的历史习惯线，应按习惯线勘定，但这一地区的经营管理一切均维持现状不变，在协议书中加以明确表述。

李宝库副部长指出：

这条线的情况靳尔刚同志向我汇报过，我们也进行了研究。今天听了王东华副省长介绍的情况，我觉得还是比较客观的，是有一定道理的，应该说这一地区属黑龙江经营管理是多年形成的事实，是不容否认的。但是，吉林也有难处，新中国成立后出版的多数行政区划图都把这一地区划在吉林境内，其中有1954年东北6省划为4省时标绘的东北4省示意图，特别是1956年内务部审核同意的吉林省行政区划图，都把这一地区划在吉林省，而且比较明显，这些情况也是不能忽视的。我认为解决这一问题的出路既要尊重历史，又要面对现实，双方的理由都要考虑到。所以我同意靳尔刚同志讲的意见，并请王东华副省长考虑我们的意见。（吉黑线档案第二卷第48页）

王东华副省长表示理解我们所讲的意见，回去后再向省政府汇报，下一步与吉林省协商时，双方都做些工作，最好由他们双方协商解决。

我对王省长也是很尊重的。他处事干练、稳重，同时

作者与老战友赵益华
（黑龙江省民政厅副厅长）
合影

又善谋、善断,在他的下属中口碑很好。陪同他来的民政厅副厅长**赵益华**,原是佳木斯市驻军守备师师长,其所在部队与佳木斯市的"双拥"工作做得非常好,也可以说是全国"双拥"工作的一面旗帜。1987年各省分管省长、各大军区的主管领导云集在佳木斯市,参加全国"双拥"工作经验交流会。我是大会的副秘书长,筹备会议期间与赵益华同志接触很多,彼此之间也相互比较了解。赵厅长可以说是文武兼备,能写能讲,知识渊博、谈吐幽默,曾给军区首长当过秘书。他们这次来京,一是汇报,二是看看民政部对此段未定边界是何态度,说白了就是"摸底"。这一点,我对赵厅长是很了解的。正好我也打算借分管省长在场,试探性地把底牌打出去,反过来倒可以摸摸黑龙江对我们的意见是何态度。按照常规,省里汇报完了是部长表态,有补充的我们可以再说,没有补充的以部长的表态为准。此次部长先让我讲,继之他表态先同意了我的意见,而后又承认未定地段由黑龙江现行管辖的事实。我的发言,勘界工作人员一听就明白。此次全国勘界的总政策是"核定法定线,勘定习惯线,解决争议线",我把"大舌头"边界的走向定位为"习惯线",把它先从"争议线"中解脱出来,按照"习惯线"勘定,这实际上就当场确定了边界线的走向位置。但我同时表明,这1000多平方公里的面积,现由黑龙江省现行管辖。这就意味着,必须采取特殊方法来解决这一特殊矛盾,即行政区域界线与行政管辖界线分开处理,采取两线分离的原则来贯通此段界线这是一种最佳选择,双方接受的可能性也最大。

此次勘界政策规定"不作区划调整"。因此不能因为划界而扰民,把黑龙江省多年管辖的14个街道办事处、管委会一股脑

五　不因划界而扰民　吉黑线勘界创出新经验　101

划归吉林省；同时也不能因为划界而把吉林延边州习惯线内的1896平方公里的"大舌头"割去，划归黑龙江省，何况此处又是民族自治区域。"两难"选择的结果，还是划两条线最为理想。在划定行政区域界线的同时，明确跨界资源经营管理范围，还历史个"清白"。这就是我们精心运筹的解决方案。

最后，王省长表示"最好由双方协商解决"。其实这是国勘办对于解决未定地段的最好愿望。2000年5月11日至12日，吉黑两省勘界办在长春市再次召开解决边界遗留问题的协商会议。我同国勘办尹庆

作者和吉林省杨副省长（中）
谈吉黑线情况
副厅长（左）冯明芳在座

月处长、国家民委牛晓峰处长、国家林业局曲春宁处长应邀出席会议。吉林省民政厅冯明芳副厅长、李晓明处长，黑龙江省民政厅赵益华副厅长、省勘界办张俊生主任代表双方进行协商。此间，我还直接与王东华副省长通了电话，进一步交换了意见。会议最后决定："双方同意将海浪河、尔占河地区的争议问题提交民政部、国家民委、国家林业局解决。"

6月9日，三部委（局）以（民发〔2000〕148号）文正式提出了处理意见：

吉林、黑龙江省人民政府：

自1996年国务院决定全面勘界以来，在两省人民政府和有关部门的共同努力下，吉黑边界绝大部分已经勘定。关于对海浪河、尔占河源头地区未定地段遗留问题的处理，两省及有关市

(州)政府和业务部门多次协商,未能取得共识。为了解决问题,两省政府也曾分别同我们交换过意见,并提出了解决方案,请协商时予以考虑。

根据国务院办公厅《关于按时完成全面勘界工作任务的紧急通知》要求,最近,两省勘界工作领导小组办公室协商达成了《关于解决吉黑边界遗留问题第二次协商会议纪要》,两省同意请我们联合提出解决意见。按照国家有关法律和勘界有关政策规定,现就两省海浪河、尔占河源头地区行政区域界线及有关问题提出如下处理意见。

一、行政区域界线走向

从张广才岭上高程为1681.7米的三角点起,界线大体向北偏东北沿张广才岭(分水岭)经高程为1593.7米的三角点……(略)

本段界线标绘在中国人民解放军总参谋部测绘局1979年出版的1幅,1990年出版的8幅,共9幅1∶5万地形图上,作为本意见的附图。

行政区域界线走向文字叙述中涉及到的高程点、三角点和地理名称均为附图上标注的,涉及到的距离是从附图上量取的平面距离。当行政区域界线走向文字叙述与附图不尽一致时,以附图为准。

二、有关问题的处理

此段行政区域界线划定后,基于该段界线的特殊情况,双方必须维持海浪河、尔占河源头地区(即从界线西端点起向东南经鹰咀砬子、琵琶顶子、锅盔顶子、庙岭子、小黄羊至界线东端点的分水岭之间的范围)的现行行政管理、林业经营范围等一切生活生产现状不变。

上述意见,请两省贯彻落实。

《中国勘界纪实》(上卷)第191页作了如下记述:"2000年6月9日,民政部、国家民委、国家林业局下发了《关于海浪河、尔占河源头地区行政区域界线及有关问题的处理意见》(民发〔2000〕148号),明确了界线走向和有关问题的处理意见。至此,两省间243.1公里边界遗留问题得到彻底解决,吉黑线实现了全线贯通。经实地测量吉黑线全长1505.1公里"。

吉黑线实行"两线"分离原则所划定的行政区域界线,成为后来处理西藏自治区与青海省边界争议的成功经验。藏青线也是由我分工负责的,该线全长2385.85公里。藏青线属全国海拔最高,争议面积最大,争议线最长,条件最艰苦的一条陆地界线,边界沿线居民多为藏族,人口稀少,草原辽阔,气候恶劣,地势高峻,地形复杂,河流纵横,交通不便,长江发源于此地。两省行政区域界线95%以上为高山地,海拔高度多为4500米左右,最高海拔高度为6250米(唐古拉山),最低海拔高度为3000米左右。长期以来,两省区的行政区域界线沿用历史上形成的习惯放牧线,没有一条法定界线。随着人口的增长和经济的发展,两省区边界地区为开发利用草原、矿产等自然资源不断发生权属争议,群众械斗事件时有发生,给边界地区人民群众的生命财产带来了损失,影响了边界地区的社会稳定和经济发展。两省区在边界地区的争议界线长约1059公里,争议面积达58311平方公里。

在党中央国务院和国家有关部委的重视下,1971年、1972年两省区就边界地区的争议问题曾在拉萨、西宁进行过两次协商,由于双方对协商依据和具体解决办法有意见分歧,未能达成共识。

1974年7月25日至10月28日,受国务院委托,在农林部、公安部的主持下,两省区政府代表在北京举行了四次边界协商会议,会期历时4个月。在协商未取得一致意见的情况下,农林部、公安部提出了《关于解决青海、西藏交界地区草场纠纷的初步建议》,对两省区6处纠纷地区进行了划分,但两省区对部分地段解决意见不一致,协商未取得成效。

1991年8月6日至10月15日,受国务院委托,民政部在北京召开了藏青两省区边界协调会议。会议由崔乃夫部长主持,国务院办公厅、国家民委、公安部、农业部的有关负责同志出席了会议。根据国务院"关于藏青两省区要从大局出发,要坚决执行党中央稳定压倒一切的方针"的指示,藏、青两省区协商小组本着实事求是、互谅互让、切实解决好群众利益的精神,经过共同努力,对双方认定一致的界线共9段、603.1公里行政区域界线达成了共识,签订了《青海省、西藏自治区行政区域界线协议书(第一号)》及其附图。对两省区意见不一致的亚涌、叶陇地段28.5公里行政区域界线,国务院办公厅以《关于青藏两省区行政区域界线有关问题的通知》予以裁定。至此,藏青两省区划定边界线631.6公里,占两省区行政区域界线总长度的26.47%。尚有73.53%,即1754.25公里未定界线,就成为全面勘界工作以来必须面对的攻克难题。于是,国勘办又成为藏青线勘定未定边界的"协调员"。几经努力,在两省区勘界办工作人员的艰苦拼搏下,在省(区)委、政府的领导、支持下,勘界工作不断取得新成果。直至最后,由民政部多吉才让部长,李宝库副部长亲自出面主持协调,采取"两线分离"原则划定藏青线,报送党中央、国务院裁定后,使得全线贯通。红线为省际边界线;绿线为实际使用管理线。

两省区的《藏青线勘界纪实》写道:"根据两省区人民政府的请求,2001年5月11日,国务院作出了《关于西藏自治区与青海省行政区域边界部分地段划分及有关问题的批复》(国函〔2001〕51号)。行政区域界线的批复意见是:西藏自治区与青海省行政区域界线在唐古拉山地区(多玛地区)和当雄地区(旦荣地区),以唐古拉山分水岭为界;在三塔地区(三涌地区)及三塔与当雄之间地区,以西藏自治区民政厅、测绘局1980年上报民政部和国家测绘局的习惯线划定。两省区人民政府要按照勘界有关规定在实地埋设省际行政区域界线界桩。在有关问题的处理中对西藏自治区在唐古拉山以北地区的实际使用管理范围线也提出了具体的界线走向。至此,藏青线终于实现了全线贯通"。用"两线分离"原则划定边界线,成为我国勘界工作中解决特殊难题的一条成功经验。这就避免了中华民国在划定少部分边界中错误地把浙江人划到江苏,江苏人划到安徽的"不得人心"的做法。

六

沪浙线难题多
两头满意成效大

六　沪浙线难题多　两头满意成效大　107

　　按国勘办主任年度勘界工作任务分工，1997年我直接负责完成辽吉线、沪浙线、鲁豫线、蒙黑线的勘定任务。我合计了一下，四条省界长达3999.82公里。最长的是蒙黑线，界长2302公里，约等于沪浙线长度118.28公里的19倍多。最难的是鲁豫线，为黄河滩地争了很多年，历史上黄河每次改道，淹没的土地和新淤出的土地如何使用分割都给当地百姓和政府造成很大的麻烦，农民为争得土地使用权，常因纠纷而发生械斗，双方都有伤亡，故而百姓间积怨甚深。不仅是两省边民，就是家族间有的也反目成仇。土地就是农民的命根子，没有了土地也就失去了生存权。流浪、乞讨、背井离乡、卖儿卖女演绎了数不清的人间惨剧。在封建社会，遇到大的纷争通常靠皇帝"颁昭"解决。军阀当政，国民政府遇此也无良策。常以镇压平息。现在要勘界，不可能不涉及土地、水利、村落等等。直至新中国成立以来，

两个"头头"
前左三：
　　浙江省民政厅方泉尧副厅长
前左四：作者
前左五：
　　上海市民政局谢黎明副局长

纷争几乎就未停止过,勘定这条线真是难之又难。所以,我把年度勘界的重点放在了蒙黑线、鲁豫线上。

  沪浙线地处南方,南方械斗少,死伤人员也不多。更重要的是,我对沪浙线主管勘界的两个"头头"很了解。一个是上海市民政局副局长谢黎明,一个是浙江省民政厅副厅长方泉尧。两位勘界办主任对区划调整、边界划分业务娴熟,思考问题严谨、周密。共同的特点是喜欢读书,知识面开阔,学历也高。方副厅长在我印象中是个办事干练、很有才华的领导干部。谢局长则是具有高级职称,获硕士学位的专业人才,任民政局副局长前曾搞城建工作,在整图方面比我强得多。何况两位领导手下各有一位非常得力的助手:一是上海市勘界办副主任陶志良,一是浙江省勘界办副主任孙国平。两位头脑清醒,文笔也很好,是我在司长任上很看好的两位省级业务处长。他俩起草上报的有关业务材料我很爱看,从中也很受教益。但真正认识他们,是在看了材料之后打听出来的。因我平时也爱写点东西,对文笔好的处长有点"偏爱",深知写材料的艰辛。

  有这两支强队攻沪浙线,我相信通过双方协商,一定会顺利勘定,不需我操什么心、费什么力,过问就行。时至8月底,蒙黑线、辽吉线已经勘定,沪浙线还有三处"难点"未突破,关键是涉及土地权属纠纷,双方有点儿僵持不下,需要国勘办派人协调解决。在请示国勘办主任李宝库副部长后,我决定前往。同时,邀请勘界成员单位国家土地管理局派员参加。八月二十九日,办公室向国家土地管理局发出了《关于邀请派员协助处理沪浙线勘界遗留问题的函》(国勘办函〔1997〕65号):

  根据国务院勘界工作领导小组第二次全体会议精神,为进一步加大勘界工作力度,尽快全线勘定沪浙两省市行政区域界线,国务院勘界工作领导小组办公室拟于9月8日组成由区划地名司司长靳尔刚为组长的工作组,赴沪浙实地对遗留问题进行协调处理。因沪浙线勘界遗留问题涉及太浦河、枫泾火车站等土地权属纠纷,特邀请贵局派员协助。请将参加人员名单于9月4日前报国务院勘界工作领导小组办公室。

国家土地管理局收到函后,主管业务司长直接打来电话,建议稍后即派员前往。应该说,国务院勘界成员单位对我们的勘界工作向来是义无反顾地大力支持的,但由于其他原因,这次行动暂时推迟。待我从鲁豫线返回后,眼见到十月底了,沪浙线的遗留问题还未得到解决。时间不宜再拖了,工作组径赴双方勘界协商地——浙江省嘉善县,直接参加了两省市的第三次勘界工作联席会议。

沪浙线所剩三处"难点"是:上海市青浦县与浙江省嘉善县的长白荡段、马斜河段;上海市金山区与浙江省嘉善县的枫泾火车站段。听取了双方情况介绍后,我相信两省市勘界办完全有能力解决,工作组不当"裁判",可以当"观察员",对有的问题提供咨询服务。沪浙线勘下来,功劳属于两省市。但是,必须限时解决。至于如何解决,经商议认为:一、由基层勘界办商定长白荡地段(这就意味着两省市勘界办和国勘办工作组都不再干预,无论怎样商定,把界线定下来即可,把权力下放给他们);二、由两省市勘界办综合基层意见确定马斜河地段;三、对原枫泾火车站地段,由两省市勘界办尽力协商,如达不成共识,由国勘办工作组提出处理意见。采取分段、分级的解决办法,收到了意想不到的良好效果。在一次向国务院领导汇报勘界工作时,我提到了沪浙线基层勘界办划定省界难点的情况，国务委员李贵鲜同志听后很高兴，说只要下面定得合理，上面就不要干预，划界重点应该在基层，解决问题也要靠基层。之后的青甘

青浦古镇朱家角

边界划分，李贵鲜同志就特别强调这一原则。

对这一条线我们不当"裁判员"，不等于撒手不管，因为我们没到实地去进行调查，也不敢乱拿意见。这样就忙坏了与我同去的国勘办副处长张卫星同志，每处谈判时，他都要去认真聆听情况，从政策上解答大家提出的疑难问题，只要是在有把握的情况下，顺便给他们提点参考性建议，主意还是两省市定。从勘界政策、到定界原则，从指导思想、到方法技术，张卫星处长都给他们参谋得很好，因而也受到了与会的勘界工作人员和地方领导同志的一致好评。我的任务是枫泾火车站段，一旦双方协商不成，就要提出协调意见，因而也就必须把"案头"工作做好。查看资料，分析症结，比较方案，理清思路，争取找出解决问题的最佳方案。

经过一番鏖战，三处难点攻克了两处，最后一处就是枫泾火车站段了。张卫星处长告诉我：他与上海的陶处长、浙江的孙处长对这一处的划定基本上统一了思想。两位勘界办副主任同意了，但两位主任却摇了头。看来你不出面问题还不好解决。对此我感到很不解，就请卫星同志赶紧把他们三位处长商定的意

见提供给我,感到与我个人的意见大体一致。下面,就看这两个"头头"能整出一个什么高招来。

晚上 10 点(会商定界,勘界人很少在夜间 2 点以前睡觉),我把两位副厅局长请到我的房间,我笑着对他们说:"真对不起,

嘉善西塘之烟雨长廊

今晚没有任何人参加,就请您二位在我房间的客厅谈,谈不下来就别回去睡觉。实在不行了就把我叫出来,我来拿定界意见。这样,功劳归我,你俩没份儿。你们工作,我去睡觉。我不怕吵。"我真的进了卧室。两位领导同志一会儿声高,一会儿声低,一会儿商量,一会儿沉默,但没有听到笑声,也没有抱歉的话。我在房间里并未睡觉,一直在整理我随身带去的书稿,时不时地"偷听"他俩的对话。枫泾火车站段界线走向其实比较清楚,两人对着图抠得很细,最后就为了五亩三分地(实际为 5.2 亩)的权属问题。土地确不了权,界线连不到底。此时已近凌晨 4 时,我不请自出地走到谈判桌,请他们不要再为这五亩三分地争了,

界线走向直线延伸到头,不能围绕地边划走向。至于这块地,其权属请双方职能部门去解决,确权后如有什么问题,可按"飞地"或"插花地"处理,把它写在协议书上,此事不就圆满了吗?两位厅长疲惫的面容终于露出了点点笑意。都表示同意。在我印象中,谢副局长吸烟,方副厅长不吸烟。此时,谢副局长的烟灰缸里烟头堆得似小山,方副厅长也丢下不少烟头儿,他大概是出于健康"自卫"吧!看来,双方的"心理战"都打得可以。

翌日,谢黎明、方泉尧代表两省市勘界办签下了《协议书》。写到:

沪浙线第三次勘界工作联席会议于1997年11月6日至8日在浙江省嘉善县举行。国勘办靳尔刚副主任、张卫星副处长到会指导。上海市勘界办主任谢黎明、副主任陶志良,浙江省勘界办主任方泉尧、副主任孙国平及有关人员和双方毗邻县区的人民政府分管领导、勘界办主任和有关技术人员参加了会议。

会议协商解决了沪浙线上海市青浦县与浙江省嘉善县长白荡、马斜河、上海市金山区与浙江省嘉善县原枫泾火车站的三处遗留问题,实现了沪浙线全线贯通。会议达成如下协议:

一、行政区域界线的确定

沪浙两省市行政区域界线三处遗留问题已经解决,具体位置标绘在沪浙线核界工作底图上[图幅号为H—51—26—(63)、H—51—26—(64)、H—51—39—(17)]。共同密封后,金山与嘉善段存嘉善县勘界办,青浦与嘉善段存青浦县勘界办。

二、有关问题的说明

1.上海市青浦县与浙江省嘉善县马斜河地段涉及国家水利

建设工程等有关问题,按国家法律、法规和政策办理;

2.上海市金山区和浙江省嘉善县原枫泾火车站地段320国道南侧有原枫泾林园场〔土改时,枫泾镇农民裘老二(浙江认为是枫南乡)〕土地5.2亩,其权属由双方有关职能部门协商解决;

3.上海市金山区与浙江省嘉善县原枫泾火车站地段沿320国道南侧的公路绿化工作,由有关部门统一规划,浙江方面负责实施。两侧的建设规划应加强规范管理。

本协议一式六份,国勘办及上海市、浙江省、金山区、青浦县、嘉善县勘界办各执一份。

一九九七年十一月八日

沪浙线全线贯通之后,上海市勘界办浙江省勘界办联合写了一份《工作总结》,我猜可能又是孙国平和陶志良两位处长执笔、经方泉尧、谢黎明两位厅局长把关后报来的,但也可能是他人执笔。由于工作业务方面的关系,我认为这份总结写得非常好,思路清晰,语言流畅,层次分明,文采飘逸。工作总结类一般是官样文章,读起来较枯燥。这份勘界《工作总结》则不同,很耐读。为使关心国家边界的读者更系统地了解勘界情况,洞察勘界人的情怀,不妨将《工作总结》的三部分原文辑录如下:

一、基本情况

沪浙线位于长江三角洲南部的太湖流域,大致为东西走向,处于平原水网地带,西起沪苏浙三省市行政区域界线交会点,东至浙江省平湖市全塘镇金桥村与上海市金山区上海石化外围塘堤西南角的沪浙线东止点,全长118.28公里。涉及上海市的青浦县、金山区及所辖10个乡镇,浙江省的嘉善县、平湖市及所辖13个乡镇。

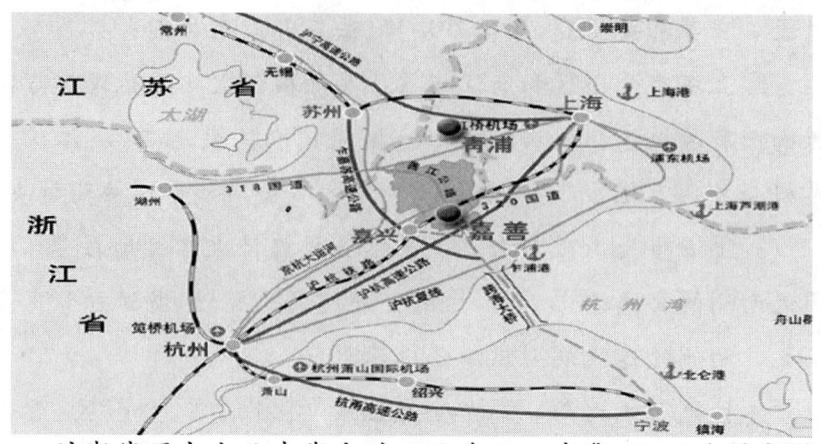

沪浙线历史上从未勘定过。沿线人口密集,阡陌沟渠交错,毗邻村落鸡犬之声相闻。在长期的生产、生活中,大部分地段双方人民群众形成了较为稳定的习惯线,相处是友好而融洽的。但是,由于沪浙线所处的位置,经济的相对发达加剧了资源的紧缺程度,所以在涉及自然地貌发生改变或行政区域界线变更不够明确的一些地段,也存在着行政边界争议。这些争议的存在给长度不足120公里的沪浙线勘定增加了难度。

沪浙线的勘定工作在国务院勘界工作领导小组办公室指导下,由上海市和浙江省勘界工作领导小组及其办公室联合实施。双方根据各自的实地调查结果,共同协商制定了《上海市与浙江省联合勘定行政区域界线实施方案》,对勘定沪浙线的基础、原则、组织方式、实施步骤等达成了一致意见,并根据实施方案指导有关县(市、区)提出了主张线。1997年8月上旬,双方在浙江省嘉兴市召开了沪浙线勘界工作第一次联席会议,根据主张线和实地调查结果进行了首次核界,核定一致的界线占总长的95.2%。会议肯定了这一成果,并就下一步工作向有关县(市、区)提出了明确的要求。1997年9月5日,经过金山区和平湖市勘界办的实地踏勘和协商,沪浙线东止点确定,沪浙线金山平湖段率先贯通。对于剩余的三处未定地段,双方从基层接触开始,各级勘界办都反复进行了实地踏勘,并充分听取对方的意见,了解对方主张。1997年10月和11月,上海市和浙江省勘界办两次组织毗邻县(区)召开勘界工作联席会议,对三处遗留问题进行协商。第二次勘界工作联席会议在上海市举行,双方就前段工作进行了回顾,对三处问题分析了症结所在,分别商定了解决方案。第三次勘界工作联席会议在浙江省嘉善县举行,沪、浙双方向到会的国务院勘界工作领导小组办公室副主任靳尔刚等表示了贯通界线的决心,并按商定的方案,确认了由基层勘界办商定的长白荡地段界线;由两省市勘界办综合基层意见确定了马斜河地段界线;对原枫泾火车站地段,国务院勘界工作领导小组办公室在听取双方意见后,认为双方主张接近,提出了确定界线走向的意见,双方均表示同意。1997年11月8日,沪浙线全线贯通。

沪浙线贯通后,双方共同委托吉林省第一测绘院按《沪、浙两市省行政区域界线勘界测绘技术设计书》的要求于1997年11月至1998年1月进行了测绘。沪浙线勘界测绘成果的检查验收由双方委托上海市产品质量监督检验站与浙江省测绘产品质量监督检验站于1998年2月完成。1998年7月、11月,双方在民政部全国勘界工作办公室指导下,共同完成了沪浙线资料汇总工作,对沪浙线有关文件、图表进行了审核,按勘界档案管理要求形成了沪浙线勘界档案。此后,上海市和浙江省人民政府代表签署了《上海市人民政府和浙江省人民政府联合勘定的行政区域界线协议书》,并由双方人民政府联合上报国务院审批。至此,沪浙线勘定工作完成。

二、做法和体会

沪浙线对于上海市和浙江省都是第二条勘定的省际界线，对于上海市又是最后一条省际界线。双方通过前一条省际界线的勘定实践，渐渐使自己的角色调整到位。在沪浙线勘定中，双方突出了勘界工作的中心，在政策的理解、把握、运用等方面，都更加成熟、更加实际。所以，认真总结沪浙线的勘定过程，不仅有助于今后的勘界工作，对于从更高层次上认识行政区划管理工作也是有益的。

1. 高举"国家队"旗帜，突出勘界工作中心。

全面勘界是国家法制建设的重要基础工作，只有高举"国家队"的旗帜，才能突出定界这一勘界工作的中心。

在以往的勘界实践中，我们对于勘界目的的理解还不够全面。"行政区域界线从未勘定过"这一现实，一方面说明在大部分地段必然存在着得到双方共同遵守的习惯线，另一方面也说明个别地段的边界争议是有长久历史积累的。我们这次勘界的首要目的在于确定行政区域界线走向，为今后行政区域界线的法制化管理提供基础，为双方人民政府行使行政管辖权提供依据，所以明确界线走向是勘界的中心。其次，对于争议处理要区分各种不同情况，不是所有第一次核界不一致的地段都存在争议，也不是所有的争议都与勘界有关，勘界主要应保证勘定的界线能成为处理今后边界争议的法律判据。要达到上述目的，我们就必须重新认识自己在勘界工作中的地位和作用。勘界事业是国家的事业，我们只有把自己置于"国家队"旗下，才能落实好顾全大局、实事求是、互谅互让的原则，才能使勘界成果经得起历史的考验。

我们在沪浙线勘定中深深体会到了这一点。首先,我们明确了是维护国家长治久安的远大利益而工作,所以要把对己方政府负责统一到对国家负责上来;其次,我们积极营造友善的工作气氛,努力培养信任感,不把个人情绪带入工作商谈,多为对方做换位思考;第三,作为居中的联合工作班子我们对上据实反映情况,对下统一工作要求,开诚布公,光明磊落。

由于我们认识的一致,使有关县(市、区)、甚至乡镇一级的干部群众对勘界也有了更深的理解,不再视勘界为争利益的机会,也不再借勘界来翻陈年老账,而是把勘界作为相互加强合作、增强团结的桥梁。沪浙线东止点和长白荡地段的界线,其基础就是由基层干部群众站在"国家队"的立场上协商确定的。

2. 步步求实,勘出一条坚实的界线。

勘界的大忌是留下争议的隐患。如果因为我们的工作失误而造成潜在的争议,那么不论我们在工作中付出多少辛劳,历史都将把我们判为罪人,而不是功臣。求实,成为贯穿我们工作始终的方针。

沪浙线勘定中,双方勘界办主任谢黎明、方泉尧对求实方针身体力行,从摸底调查开始,就带领工作人员到实地详细了解情况,大到一条堤坝,小到一方石碑,都要考证历史的演变,为确定界线走向提供依据。在主任们的行动影响下,我们自觉地发扬踏实的工作作风,关于界线走向的问题,决不使用"大概"、"可能"一类模糊判断,暂时不能确定的问题,宁可推迟一步来做更细的调查研究,也不为追求进度而草率从事。

求实的方针反映到具体核界中,我们双方都实践了自己的诺言,不搞虚的一套,既然土地详查的情况与现实相符,我们就不要另有主张,所以第一次核界就取得95.2%的一致率。而正是这唯实的态度,建立起了我们之间的信任,为后来的争议处理奠定了良好的心理基础,留下了宽广的对话空间。

求实的方针也深入了每个勘界工作人员的心,只要是落实到个人的责任,不论是谁,总是尽可能详实地掌握资料,按照勘界政策提出切实可行的意见供会议讨论和决定,反映了我们轻松气氛下严肃的工作态度。

3. 统一的认识,多层面的对话,把政策领会透、运用好。

从事每一项工作,都要准确地把握政策,在统一的原则下,针对千变万化的实际情况作出科学的决策。勘界的政策依据是十分明确的,但是在实践运用中,组织艺术的高下也可产生迥异的效果。

沪浙线的勘定令双方都皆大欢喜的关键,在于双方对勘界政策的把握都融入了以往的经验和教训,在认识上一致,在方法默契,虽然是双方联合组织,但配合是紧密无间的,也从一个侧面反映了沪浙两省市从政府到民间长期的互相协作和支持。

勘界中协商的艰难是无法回避的,为了求实而不辞辛苦地调查踏勘、核检材料也是必不可少的。但如何防止意见分歧导致工作上的意气用事,如何纠正认识不同导致相互间的偏见,如何在解决争议的过程中慢慢卸下对方的包袱,却是联合工作班子发挥领导艺术的一片天地。

在沪浙线勘定中,我们不仅在认识上做到一致,在组织方式上也进行了成功的实践。从一开始,对联合工作班子的分工就进行了规划,开辟了多个层面的对话通道,双方的信息交流畅通而有效。双方的勘界办主任作为组织者,一方面把握沪浙线勘定的原则性问题,一方面控制工作的节奏和方向,使情况的发展既符合总的设计,又对实际态势有灵敏的反映,是以务虚为主的导航者。勘界办副主任作为高层执行人,只参与焦点问题的对话,而这样对话是探讨性的,双方能够对具体结果保持一定距离,以较大的视角来评价不同方案的优劣。各县(市、区)的勘界办则是具体执行人,对有分歧的问题可以充分说明自己的观点,但这种说明是不含强加于人的意味的。而技术人员则从技术角度为各种方案提供其合理性和可行性。这种组织方式不仅效率高,而且因为没有形式造成的对手气氛,双方也易于保持理性和宽容,使问题在交流中不知不觉地化解。

在确定马斜河和原枫泾火车站地段界线时,整个运转过程就是按照上述模式进行的,虽然各层次认真地协商一直持续到凌晨4点,双方对取得的最后结果却是十分满意的。

4. 维护积极的稳定和国家的整体利益是我们的追求。

维护边界地区的稳定,保障边界地区的长治久安,促进边界地区社会和经济发展,是这次勘界的出发点。勘界必须保持稳定,这是我们都明了的。但是,为了保持稳定,是不是在原来界线不明确的地段就没有妥善的处置办法呢?我们认为,只要争议的存在是事实,双方人民群众必然有作出一定让步的心理准备。我们在这样的地段不定界,维护的只是消极的稳定,这种稳定只是暂时的;草率定界,则与勘界的初衷背道而驰;而在这样的地段据实确定合理的界线走向,不仅不会影响稳定,反而会保障长期的、积极的稳定。

沪浙线长白荡、马斜河地段都因太浦河的开挖而改变了地貌,原先的水面都成了陆地。我们在实地调查中发现,双方群众的生产活动都遵守着一定的心理界线,在各自的开发活动区之间有一个带状区,双方都不进入。这一方面说明当地老百姓保持着礼仪之邦的优良民风,不愿意为些微的利益而损害双方长期的友好关系;另一方面也说明当地基层政权的管理是公正而有效的,一旦发现己方有不适当的行为,都能及时予以教育和制止。这给我们处理争议提供了极其有利的基础条件,群众也非常欢迎我们在这样的地段把界线和权属一起解决,按与权属一致的走向确定界线。群众认为,"亲兄弟,明算账,这样勘界,减少了我们不必要的误会"。

在沪浙线的勘定过程中,我们也充分考虑了国家行政管理的因素。一方面,我们尽可能使国家重点项目在行政管理上成为一个完整的实体,如确定沪浙线东段走向时,我们把上海石化作为一个整体来对待;在确定马斜河地段走向时,考虑了即将动工的太浦河分洪工程的完整性。另一方面,对于应该分担的管理责任,在确定界线走向后作出承诺,如原枫泾火车站地段的界线走向确定后,协议对 320 国道两侧的绿化明确了各方的责任,杜绝今后可能出现的管理空白。

三、存在的问题

沪浙线的勘定在双方人民政府和国务院勘界工作领导小组的指导下进行的较为顺利。沪浙线是省际行政区域界线中比较安定的界线,当地人民政府和人民群众对这项工作给予了很大的支持。我们在工作中深入学习了国务院《关于开展勘定省、县两级行政区域界线工作有关问题的通知》,探讨了解决行政边界争议的多种途径,双方相互谅解、相互让步,使沪浙线的勘定结果较为完满。但我们在工作中也感到要把勘定行政区域界线和处理自然资源权属统一起来，在政策的可操作性方面还有待于完善。

　　沪浙线的勘定工作虽然结束了，但边界的维护和管理工作则刚刚开始。我们打算在国务院有关部门和上海市、浙江省人民政府的领导下，切实加强对沪浙线的管理，为促进沪浙双方边界地区的社会稳定和经济发展作出贡献。

　　通过沪浙线的《工作总结》，相信读者对勘定中国省际边界线基本上有了一个清晰的轮廓把握，从而对国家的勘界工作会有更深层次的理解。依法行政、治理国家，需要多少忘我的工作者站在全局的高度，以对国家负责的使命感和责任心，含辛茹苦地去做好每一件事，每一项工作。只有这样的付出，祖国才能更强大，更美好，更坚强地跻身于世界民族之林。

祝愿祖国明天更美好

七

上山容易下山难，不下到现场难"断案"

作者披荆斩棘搞调查(渝黔交界处的九锅箐)

1999年,全国勘界工作进入到攻坚之年。当年国勘办主任分工由我牵头负责渝黔线、川甘线、川陕线、川黔线,四条省际边界的总长度为3269.88公里。加上前段勘界工作中遗留问

九锅箐雪景

题的处理,只勘界这一项工作,就忙得我顾了前顾不了后。我要求国勘办的全体同志都要把办公桌放在勘界一线的最前沿,除李部长坐镇北京指挥外(其实重大难题他也要亲赴一线解决),其他几位副主任都要去第一线协助下面推进勘界进程。此时,每位勘界工作人员一出差就离京一两个月是常事。加之我又是区划地名司司长的职责所在,地名工作这一头又赶上全国国道线地名标志设置收尾验收;区划调整的撤乡并镇,推进城市化发展正在全国大规模展开。每项工作都丝毫不敢懈怠。只觉得很忙、很累,痛感分身乏术。

九锅箐森林公园地处四川盆地东南边缘与云贵高原过渡山区,距重庆市万盛区38公里,距重庆150公里,以翠峨的山势和蜿蜒的道途横断渝黔两市、省

时至八月初,我分管的渝黔线长约1030多公里绝大部分已

经勘定,但因不到5公里的地段而"搁浅"。我很快收到了贵州省勘界办致重庆市勘界办函的抄送件,该函件措辞严厉:"6月中旬,贵我双方在贵阳举行协商会议,解决渝黔线的争议、遗留问题。但因未能划定九锅箐地段,不得不把最后贯通拖延下来。会后两省市勘办派员共同进行实地踏勘,又因双方对自然林与人工林的区分认定未能达成共识,最后还是拍不了板定不了案。如果再这样一棵树几棵草的争下去拖下来,对双方利益对稳定大局,都是很不利的。遵循国务院勘界工作十二字原则,我们对解决九锅箐争议地段问题,再慎重后退一步,提出如下解决方案:仙女洞以北约200亩一片纯自然林地,划入桐梓县境,其他大部分划归万盛(渝);风垭以北约250亩一片林地,据实地踏勘一直为桐梓龙井村(黔)管辖,与龙井村群众生产生活关系极为密切,龙井村群众对这片土地的归属极为关注,为保持边界稳定,促进边界经济发展,有利于长治久安,应划入桐梓县境。两块林地加起来约五百亩,与花溪协商时提出的八百亩相比,后退了好大一截。如此以诚相见,希望得到贵方痛快地回应。如果贵方还不能接受,就请另提一个离谱不要太远、我方能够接受的方案。总之,解决渝黔线最后几个地段问题,要统一权衡,统一考虑,我让一点,你让一点,最后一次拍定,签订协议书,实现全线贯通,而不打小算盘,不再遗留问题,不留后患。以上意见妥否,望尽快回复。"

重庆勘界办8月4日收到函后,次日即函复如下:

8月4日贵办黔勘办函〔99〕38号收悉。我办慎重研究后,现答复如下:

一、渝黔线的勘界工作于1998年12月15日经两省市制定

《联合实施方案》以来，两省市以及双方对口区县（自治县、市）进行了多次协商，渝黔线绝大部分已贯通，对遗留的难点问题，我办始终抱有彻底解决问题的信心，且付诸了大量的工作和不断寻找解决问题的办法。

二、渝黔线目前遗留江津习水、綦江桐梓、万盛桐梓、彭水沿河等四段，两省市经友好协商，已分别达成了解决问题的共识：江津习水、綦江桐梓、万盛桐梓等三段以"80"图为基础划定行政区域界线，彭水沿河段由双方基层协商尽快解决。我办认为这一双方已达成的共识必须继续坚持，离开共识提出的解决方案都是不妥的。

三、根据勘界工作有关法规政策和原则，我办始终坚持全面勘界不是重新调整行政区划，而是以行政区域管辖的现状为基础确定行政区域范围。实事求是、顾全大局、互谅互让的勘界原则，是以实事求是为核心，顾全大局、互谅互让是在尊重事实基础上的互谅互让，因而对渝黔线上的九锅箐地段，我们始终如一地坚持以"80"图为基础以诚相见，双方友好协商进行解决。

四、鉴于目前我办与贵办在如何解决九锅箐段认识尚不一致，为了不使问题再拖下去，我们建议由贵办以两省市名义恳请全国勘界办领导亲临协调指导，以求尽快解决。时间与地点另行商定。

从两省市勘界办报来的抄报件可以看出，渝黔线尚未划定的几小段中，九锅箐段是关键，它直接牵制着其他段落的贯通。此段一旦攻破，其他几处便可迎刃而解。正当两省市勘界办你来我往地打笔墨官司之时，8月19日贵州报来急电（后补报正文）称：

七　上山容易下山难，不下到现场难"断案"　127

　　8月12日上午，重庆市万盛区派出所×××(笔者把其职务姓名隐去)率领20多人到我省桐梓县坡渡镇龙井村幸福组与幸福组村民发生冲突，用铁锹、马刀等武器打伤我方村民多人，其中重伤2人，1人腹部被刺致内脏溢出。现将初步了解的情况报告如下：

一、九锅箐争议段勘界协商情况。渝黔线九锅箐段位于桐梓县坡渡镇与重庆市万盛区九锅箐交界处，争议面积约4000亩，边界线长2公里多，争议区域内为松、杉自然林和人工林。我方一侧是坡渡镇木人抬、田湾、龙井三个村，重头方是重庆市万盛区矿务局下辖的九锅箐林业处。九锅箐段边界争议始于一九五七年。一九五七年一月国务院将桐梓县第十区共17个乡划入重庆市建立南桐矿区，四川省测绘局在绘制地图时将本不属于桐梓县第十区而属于坡渡镇的一些林地划入了南桐矿区辖区内(注：此是情况报告，未经查实)，从而形成了边界争议。两县区及边界地区村社经常发生争执甚至群众械斗，虽经两县区政府多次协商、调解均未能解决问题。渝黔线联合勘界工作最后遗留地段中矛盾最为尖锐的就是习水—江津土湾头段和桐梓—万盛九锅箐段。今年6月14日

万盛区位于重庆市南部，东、北与重庆市南川接壤，西与綦江县交界，南与贵州省桐梓县相邻。地处渝黔、渝湘要害，也是渝南、黔北重要的物资集散地。全区辖7镇1乡2个街道办事处，面积566平方公里，人口27万。

至18日,两省市在贵阳花溪召开有地、县参加的协商会议,解决遗留问题。民政部全国勘界办公室尹庆月处长到会指导。我方为推进协商,主动提出土湾头段我方多让一些,行政区域界线仍按1980年川黔两省上报国务院的界线划定,林权问题由两县市政府和有关职能部门协商解决;九锅箐段要求重庆方作些让步。这个方案得到了国勘办尹庆月处长的赞同,重庆市也原则同意。但在具体如何划定九锅箐时,重庆方竟然不承认该地段存在争议问题,一点不肯让步,致使问题拖了下来。最后双方达成会议纪要,决定会后组织两省勘办人员到实地,按照人工林与自然林的界线划定,面积约800亩左右。今年6月30日至7月1日,两省市勘办人员联合到实地按会议纪要确定的办法划界,由于双方对自然林与人工林的认定不一致,这次划界又未能达成一致意见。为了促成问题的解决,清除边界不稳定因素,我方于8月3日致电重庆市勘办,提出再后退一步,按实地调查情况在双方争议区内划两片共约500亩林地归桐梓管辖,最终解决争议问题,希望能得到重庆方的积极回应。但重庆方回电仍不同意,也未提出明确的解决意见。

　　二、发生流血事件的基本情况。8月16日上午,桐梓县勘办向我省勘办报告了"8·12"流血事件的大体情况,我们同时也收到了桐梓县勘办转报来的坡渡镇政府的情况报告。据此报告,事情的经过是:8月10日,九锅箐林业处违反桐梓、万盛两县区1994年、1997年两次协商解决边界纠纷达成的会议纪要中双方都不得在争议区砍伐林木的规定,将争议区内的茶林承包给外地农民进行砍伐,被坡渡镇龙井村幸福组村民发现后制止,收缴了砍伐林木的3把柴刀。8月12日上午9时,九锅箐林业处派出所×××等7人乘车到幸福组索要柴刀,被拒绝后,其召来20多人对该组村民进行突然袭击,双方发生械斗。村民王××被砍成重伤,他妻子×××的腰、腹两个部位被刺两刀,致使内脏溢出体外,造成重伤。

流血事件发生后,坡渡镇政府一边组织人员抢救伤员,一边派人赶到现场调查了解情况。桐梓县人民政府得知情况后,也很快派人前往调查情况,安抚群众,处理善后事宜,并将情况报告了省市领导和有关部门。到8月16日上午9时止,伤员尚未脱离危险。

我省勘办了解情况后,立即报告省政府,同时提出了四条建议。并与重庆市勘办通报了情况,请他们做好基层工作,避免再次发生冲突。省委和省政府领导在接到桐梓县委、县政府的情况报告后,省长钱运录和分管副省长莫时仁立即做了批示,要求做好己方基层工作,防止事态发展,并指示省勘办派员调查。按照省领导的指示,我办已派员到实地了解情况,帮助做好稳定工作。

根据以上情况,我们认为,这是一起严重的边界治安刑事案件。事件的起因是重庆方违反两县区1994、1997年达成的在争议区维持边界现状稳定的协议和违反国家三令五申保持边界特别是争议地区现状维护社会稳定的规定,擅自组织人员到争议区砍伐林木引起的。械斗发生在我方村组居民地,是有备而来,且由公安派出所×××领头,几十人手持各种武器,对我方村民进行突然袭击,构成了严重边界刑事治安案件。恳请国勘办吁请公安部门帮助解决处理这起流血事件,以保持两省市边界地区稳定。

妥善解决好九锅箐地段数十年来的争端纠纷,最后贯通渝黔线,是我省勘办的真诚愿望和一以贯之的行动。恳请国勘办做好有关协调工作,促成两省市最后解决问题。

另据报告,案件已另案处理。但九锅箐这段边界如不及早划定,仍潜藏着再次发生纠纷的可能。其他工作再忙,也必须尽快出面协助两省市把九锅箐段"拿下"。我将电文及意见速报送李宝库副部长,提出:"拟于本月29日与国家林业局和我办尹庆月处长同赴实地调查。现将电文送上,请阅示"。李部长阅后当即批示"同意"。

会商地点定在重庆市,那里离九锅箐风垭较近。国家林业局林政资源处处长赵德明、国勘办处长尹庆月陪我一同出席。两省市勘界办负责同志及有关地方领导、勘界工作人员业已到齐。在听取双方情况介绍后,我向基层来的同志询问九锅箐争议区贵州村民究竟有多少土地和山林?他们有的说400亩左右,有的说是800亩,但总数不超过1000亩。我又问贵州省勘界办主任吴继芳厅长,他亲自签发的〔1999〕43号文电中,争议区面积约4000亩数字是怎么得出的?他说是双方争议区面积,下面报来的情况估算起来大约这么多。吴厅长是个军人出身的文人。他为人爽直,性情开朗,谈吐幽默,为军中有名的秀才,曾给军队的领导同志当过秘书,发表过不少文章和著作,边勘界边搞创作,所著几十万字的小说《封疆小吏》就很受读者欢迎。他在勘界工作中计谋不少,也可以算作是边界谈判高手。他从事勘界工作平时显得很有气度、高风亮节、大大方方,但实际上一点亏也不吃。当然,他也能站在对方换位思考,使对方不至于太过为难。他的招数我早领教过了。因我也是军人出身,战略战术也多少明白点。碰到一起,总免不了调侃几句,但相互感情很深,也能做到相互尊重。由于贵州省勘界办工作方法灵活,与其他周边省勘界关系相处的也不错,工作很有起色,勘界工作进展很快。几位厅长对勘界工作都非常重视,尽管他们起步晚,到九九年时勘界工作已在全国遥遥领先,因而受到朱镕基总理的表扬。解决了九锅箐这一处,贵州省的全面勘界就可以画上一个圆满的句号。那么,到底有多少土地、山林在九锅箐呢?其实我明白,吴继芳同志的心里一定是有数的,他是绝对不会打被动仗的。重庆市基层的同志反映则不同了,九锅箐风垭历来是他们与贵州省的习惯边界线,在林场他们设有公安派出所,看护林木就是派出所的主要职责,怎么会让贵州的村民到九锅箐林场来植树造林呢?可以说,不可能有对方的插花林、插花地。我又问两省市勘界办的同志,你们到实地搞过调查,心里总该有个谱吧!重庆方反映,确实到实地进行过调查,一直爬到风垭口,未发现有贵州村民的林地。贵州方面否定这一说法,说在九锅箐的锅底部位就有贵州省村民种植的成片成片的人工林,因为那是属于贵州的地盘,而且列举出植林村民的情况。如此看来,不到实地查个明白,就断不清这个"糊涂案"。经商议,我们两部局的同志会同两省市勘界办的负责同志及有关工作人员,共同赴实地调查,同时我建议,贵州方通知在九锅箐林场种植人工林的村民本人,有多少人都要通知到,请他们到现场指认。调查之后凡是植树的村民全部备案。

9月初的北京,已是凉风习习,但在九锅箐徒步爬山,却闷热难耐,人人大汗淋漓。山间路上尽管有满眼绿色、层层山林,却不能遮蔽当空的烈日骄阳。艰难地爬到风垭山口,举目眺望,

"下山难"
作者到九锅箐的调查路上

一眼便可以清晰地辨认出一个自然的地理大走向。我凑到吴厅长身边悄悄地说:"老伙计(吴厅长比我大一两岁),垭口偏北是贵州省对吗?怪不得两省(当时重庆属四川省管辖)'80'图标绘一致呢!"我的用意相信他会很明白。"即便九锅箐底有你们的土地和人工林,依政策也得按插花林地处理,如果查证属实,保证你方村民不受任何损失,老兄再发扬一次风格,别争了。"他长得比我福态,只穿个背心还不停地摇着扇子,坐下来就不想动。我劝他就地"留守",自己则带一干人马"下锅"。原来,九锅箐就是一个小盆地,像口大锅,周边及低部长满了林木,绿色葱茏,风景如画,如果不是为了排争议、搞勘界,平心静气地欣赏,真不愧为是个极美的风景胜地。

朝锅底部走其实就是下山,然而却没有山路,到处都长满了高过人的植被层,荆棘灌木很多,没有见过的高草乱叶挡住了视线,视野仅在两三米之内,大家边走必须边不断地喊着联络,否则就分不清方向往哪里走。我们不行,多亏了陪我们走的山民还有些办法,弯弯绕绕地走走停停。分若干路领着我们去指认自己种的人工林。穿长袖衫可以把袖子放下来,穿短袖衫的可就倒了霉,胳膊上划出了一道一道的血口。此次可真得明白了

七　上山容易下山难,不下到现场难"断案"　133

什么叫"上山容易下山难"的真正含义。到我查看的那片人工林

"上山容易"
调查组登上山顶

不过也就是一、二里路的路程,比爬十多里的山路还难得多。我问村民,这么难走的山路你们怎么会到这里来种树呢。他们说,十多年前还不是这样,当时生产队号召大家种树,几角钱买一棵树苗,成树后谁种归谁。村民们只要见到空地儿就栽树,种上后也不用怎么管,这里的土质好,栽上就活,过个年把儿才来看看。谁种的树谁都知道。我问他们当时栽树时林场没管吗?他们说根本没人管,现在闹争议了才有人问过这事。按照他们指认的树木,果然与林场的自然林不同,成片的树木很整齐,树种一致,粗细相同,即使是林场的人也承认了这个事实。种树的人没估算出亩数,一处一处的并未能连成大片,看来基本情况也就是这样了。当我们返回山坡时往下看,的确分不清哪是人工林哪是自然林,显都不显。难怪重庆方面不承认有贵州的村民到自己

的林场种了那么多树。

事实已清楚,解决问题的方案也就水到渠成了。回到重庆后,我们提出:根据双方汇报及提供的有关材料,经赴实地调查,现就渝黔线九锅箐风垭段未定界线及有关问题提出如下处理意见:

一、行政区域界线按四川、贵州两省1980年标绘上报民政部和国家测绘局的一致划法确定。

二、贵州省桐梓县坡渡镇龙井村群众在风垭处重庆境内的插花山林、土地,由双方主管业务部门尽快明确其面积和位置。同时,双方必须维护边界地区的社会稳定,保持双方在边界地区的生产生活现状不变。

三、双方对龙井村群众在风垭处重庆境内的插花山林、土地面积和位置确定后,在两省市勘界协议书中要加以明确。此段问题的解决,标志着渝黔线实现全线贯通。埋桩、测绘、资料汇总工作要抓紧进行,尽早上报国务院审批。

双方都表示同意我们提出的处理意见。其他几处未定地段,借此一并贯通。很快形成了由重庆市勘界办主任袁家骧、贵州省勘界办主任吴继芳签字的《渝黔线勘界第二次协商会议纪要》(以下简称《纪要》)。

1999年8月30日至9月1日,在全国勘界办副主任靳尔刚、副处长尹庆月、国家林业局林政资源处处长赵德明指导下,重庆、贵州两省市勘界办在重庆市召开了渝黔线勘界第二次协商会,两省市勘界办主任及有关工作人员出席了会议。遵义市勘界办主任及重庆市万盛区、桐梓县政府主管领导和勘界办主任参加了会议。两省市林业厅(局)派员参加了会议。会议就重

七　上山容易下山难，不下到现场难"断案"

庆市万盛区与贵州省桐梓县坡渡镇九锅箐段的行政区域界线走向问题进行了最后协商，经过积极努力，最后贯通了渝黔线。现就有关问题纪要如下：

一、国勘办在听取了两省市勘界办的情况汇报及到万盛区九锅箐风垭实地踏勘后，提出了《关于渝黔线九锅箐风垭段未定界线有关问题的处理意见》，两省市勘界办主任表示完全服从国勘办提出的处理意见，并决定采取积极措施，落实国勘办提出的处理意见，争取在11月底前完成渝黔线的测绘、埋桩、资料汇总等项工作。

二、两省市勘办商定，对尚未完善手续的江津习水、綦江桐梓、万盛桐梓、彭水沿河等四段边界线的转绘、签字手续，于9月底前由相邻接边区县牵头方负责商对方并由两省市勘办派员参加，完备有关手续。

三、为落实国勘办提出的处理意见，双方测绘队伍务必于11月10日前完成渝黔线的测绘任务，11月20日前完成资料汇总工作。《协议书》签字仪式的地点在重庆，具体签字时间另行商定。

四、桐梓县坡渡镇龙井村农民在重庆市万盛区九锅箐风垭境内的插花山林、土地，由万盛区和桐梓县人民政府及有关部门明确其面积和位置后协商解决。在未解决前，双方务必维持现状不变，不得挑起新的事端。

这个《纪要》，文字句法

展图作业核对地形

倒谈不上很讲究,但《纪要》之要点都规定的清清楚楚明明白白,对下一步的后续工作安排,如工作日程、时间地点、责任分工、具体要求都记述得详细、明白。犹如一份严整的《协议书》,国勘办不再督办双方均可依此"律定"事成。

处理九锅箐争议,是我勘界以来在处理多起争议中的最"得意之笔",至少未遭到双方的抱怨和反对,没有以往那种千辛万苦地工作,问题解决了,心情还是感到那么郁闷和沉重。当然,这得感谢我的两位老朋友贵州的吴厅长和重庆的袁家骧局长对我工作的理解和支持。还有我的大学同学李新慧处长,从中也做了不少配合工作。来重庆的时间不过两天,然而却用去了一天的时间去"爬山"。山上的美景自然没有心情去欣赏,主要是迫于工作压力,但下山后阅读的美文倒使我感慨万千。名叫"碰气"的作者写到:

喜欢爬山的人,一定会发现就在迈步的同时,周遭的景物也在不断地变化,每一步履间视线所及,风姿万种。

人生就像这些山景,顺着崎岖的山道走,你可以欣赏到各种不同的景色——大小错落的各类植物立于山坡上:有昂然挺立的,有卑躬屈膝的;有扎根沃土的,有侧身悬崖的;有枝叶茂盛广荫大地的,有孤枝傲立独善其身的。

对照社会上形形色色的人,我总觉得这些植物还是比较祥和的,虽说物竞天择强存弱亡,但看不到血腥画面,也没有狰狞面目。

大树根缝有小草生存空间,没有心机,少了算计。

大树小草,繁花孤枝,它们从不画地自限,不排挤异类,而是共织锦绣山河。面对大自然,人们,向山学习吧。

作者期盼"山景祥和"。我们作为国家的勘界工作人员,多么渴望早日把边界勘定下来,真正成为祥和的边界地区,那里不再有械斗发生,不再有血腥场面,让辛勤劳作的人民大众,永远地和睦相处,一心一意地为共织祖国的锦绣山河而献力。在这漫漫的边界路上,已使我们看到了胜利的曙光,坚信这一天,终究是会来的。

八

苦登海螺岭，贯通闽赣线

凝思远望

海螺岭像一个巨大的海螺,满山绿色葱茏,青翠欲滴,矗立在武夷山主山脊南的崇山峻岭之中,就在海螺岭的青山之下,绿水之边,福建、江西两省的勘界办人员正在"征战"不止。全长975公里的闽赣边界线,经过两省的艰苦努力,已经划定970多公里,仅剩下7.4公里左右的海螺岭段被卡住了,横竖就贯通不了。

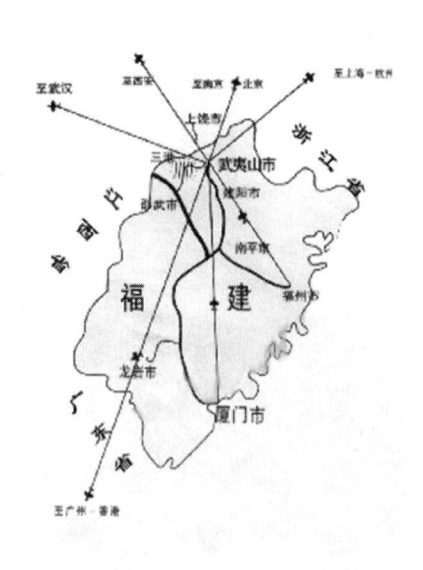

国勘办是国务院领导全国勘界工作统帅总部的办事机构,密切关注着各省市区的勘界进度和工作动态。对闽赣线,1998年8月18日国勘办给两省勘界工作领导小组发出通知,指出:"闽赣线是一九九七年度的勘界任务,经双方共同努力,多处遗留问题已得到妥善解决。目前尚有一处(福建称东华山地段、江西称海螺岭地段)约4公里未能取得一致。为尽快完成闽赣线勘界任务,经研究,现责成两省勘界办组织联合实地调查,调查由福建省勘界办牵头,两省勘界办主管处长带队,技术人员参加。实地调查后,由两省勘界办将实地

武夷山玉女峰

情况联合标绘在1∶1万地形图上,并请两省组织协商。如需我们派员协调,届时请你们提前来函。

此处问题能否妥善解决,事关闽赣线勘界工作大局,请两省务必加强领导,严密组织,密切配合,确保联合调查工作的顺利进行和问题的妥善解决。"

很快,福建、江西两省于9月14日、9月22日复电。

福建复电称:"根据(民勘办电〔1998〕2号)通知精神,闽赣两省勘界办定于9月11日开始对宁化与石城两县遗留的东华山(海螺岭)地段联合组织实地踏勘。当日,双方按约定的时间到达指定地点,即遇到始料不及的情况,致使现场踏勘无法进行。主要是:石城方组织了数十名与踏勘无关的人员围观、议论,劝之不散,且动用了治安人员和警车;不许宁化一方对群众指界情况现场笔录;对宁化方知情者进行威胁、恐吓,甚至扬言今天来这么多人就是准备'打野猪',有意渲染紧张气氛。这种情况是两省勘界办带队同志都不愿看到的。经磋商,同意终止踏勘。我们认为最好是请国勘办派员再次协商处理这一遗留问题。我省表示将继续尊重、执行国勘办的协调或裁定意见。"

界线不划定,百姓不安宁

9月22日江西来电则是另外一种情况,电文反映:"江西与福建两省勘界办共同商定了联合赴东华山(海螺岭)实地调查的具体方案。9月10日,两省勘界办在宁化县进一步面商了实地调查日程安排。11日两省勘界办及地、市、县有关人员赴实地调查。在当天上午的实地调查中,曾发生两次争吵:一是为签署验证证据资料的《协议书》问题。按两省勘办共同商定,实地调查时'以双方出示的有效权属证据为依据,在实地认定'。石城县已准备了证据资料原件,宁化县(注:闽方)以档案原件不准外借为由只能出示复印件。为便于双方验证证据资料的真假,我们拟订了实地调查后核实资料真伪的《协议书》。在签订《协议书》时,福建省勘界办×××(注:姓名隐去)却当着在场的省、地、县的同志说:'你们是小人','这是一个圈套',致使双方发生争吵。二是在第一个点实地调查时,因未按两省商定一方记录、另一方监督的方法进行调查笔录,宁化县勘界办×××当场诱导,纠正其所说山场名称等做法,引起石城与宁化县勘界办双方争吵。尽管实地踏勘开始就出现了上述不愉快现象,两省勘界办都认真做了双方的工作。但是,当天吃过午饭后,宁化县乡村实地调查的知情人却擅自开车回去了。由于牵头单位福建单方擅自撤离实地调查人员,致使两省联合实地调查无法按原定计划进行而被迫终止。

我们认为,不经两省勘界办商量擅自撤离赴实地调查人员的做法是欠妥的。这说明宁化县对实地调查是没有诚意的。为此,我们再次恳切请求国勘办派人组织两省进行实地调查,以利于实事求是地解决此段边界线走向问题,尽快完成闽赣线勘定任务。

鉴于此,应两省勘界办的要求,根据国勘办李宝库主任的意见,由我率队,同国勘办的陈鸣处长、国土资源部常玉刚处长、国

八 苦登海螺岭，贯通闽赣线 143

边界纷争

家林业局赵德明处长，同赴江西石城县参加两省的协商定界会议。两省关于海螺岭段的情况介绍给我的总体印象是，在此处有很多矿点，双方互有交叉；在江西石城县境内，有福建宁化县的"飞山"、"插花山"，有不少的山地和山林。如果按矿区、土地、山林等资源权属去划定两省的边界线，就是有再大的本事界线也划不出来，尤其是"插花山"、"飞山"，线怎么走？勘界最根本的是勘定行政区域管辖界线，而不是沿着田埂、树边去分资源，或者去划分村、屯界。为此，建议双方进一步本着划分省界的原则互谅互让地协商。同时，允许有"飞地"，"插花地"，必要时可以争取两线分离的办法来解决疑难问题。北京来的三位处长留下组织协商，我抽出身来没有干扰地到实地进行调查。

在比较复杂的情况下，在特殊的环境里，调查也不是件容易事，调查手段必须因时、因地、因事而定。此前，因调查办法不灵活吃过不少苦头，吃苦受累倒不说，关键是达不到预期的目的，往往掌握的不是实情，而被虚假的情况所迷惑。中央机关的调查组被不明真相的群众拉闸停电，乘坐的缆车吊在空中几个小时下不来，急得没招儿，碎石头还不时从山上砸下来，这就是我亲身经历过的。你趴在地上正在把调查成果往图上标绘，来了一伙人抢走图就撕，这也不算新鲜事。这一次调查，我悄悄地拉走了福建三明市勘界办主任罗伟生,他是军人出身的民政局副局长,本人对这一带地形熟悉,体格健壮。我们两个自我防身估计没问题。因不久前还发生了打伤勘界人员的"11·28"事件。我手里掌握着一封群众署名的揭发信,称某乡的领导,为了争边界的矿区,组织人员炸毁了国家的公路,给当地的群众生产生活带来了相当的不便,要求追查他们的责任,署名的几位群众为福建人。究竟炸了没有?是福建人揭发还是江西方面所为,这都涉及勘界纪律问题。有时解决勘界"难点",主攻的效果不好,侧攻则很可能成功。因乘坐的是罗局长的车,我顺便改称为三明市信访办工作人员。

询问了百姓,踏勘了地形,大体情况已基本做到了心中有数。因道路被炸,只能徒步攀登海螺岭。与我到过的喜马拉雅山,攀登过的中印(锡)边境乃堆拉山口,吉黑边界的老爷岭,豫陕边界的秦岭相比,海螺岭地势不高,氧气充足,气候适宜。由于精神放松,爬山的速度较快,开始我还走在罗伟生同志的前面,再往上爬则感到体力不支了。往常爬山总也有高高低低的山路,逐渐往上爬,甚至有个缓坡、平路也好,这个海螺岭给我的最深印象是步步高攀,没有一点喘息之机。爬了不到三个小时,眼看快到山顶了,我却撑不住了,眼前不断地闪着金星,不时又出现一团一团的黑影,视力模糊不清,心脏剧烈跳动,胸闷口干,四肢无力,以前没遇到过这种情况。是不是犯了"心脏病"?这里无医无药,前不着村后不着店,连遗嘱都来不及留下,很可能就放在这海螺岭上了。应该说我还是个坚强汉子,在十七八年的军旅生涯中,从1962年到1979年,不知执行过多少次艰难的军事任务,从未服过输,怕过软。这次却真的撑不住了,下意识地瘫坐在地上。

　　爬山途中曾遇到几个集伙的青年村民,由于我听不大懂当地话,指派罗局长去打听一下炸路的情况。我向高处爬,主要是察看一下山势的地理走向。当我瘫倒在地上时,罗局长赶了上来,见到我这般景况,埋怨他自己工作没做好,赶紧把他带的水递给我喝,并要背我下山。他手里拿着衣服,身上只穿着裤衩、背心,满脸热汗。他这身"短打扮"倒给了我很大启发,我这北方人爬山,只有爬北方山脉的经验,如果我也能及时地轻装,兴许不会搞得这么狼狈不堪。

　　喝过了水,休息了一阵儿,自我感觉好多了。我也学着罗局长的样子换了装,一步一步地总算顺利地下了山。当时我同他约定,我们所调查的一切内容,及我身体不适的情况,对其他人都不要讲,不然不利于快速地解决这段争议。我们是清晨出发,到下午三点多,才回到了江西石城县城,急急忙忙地补了顿午餐。

　　圣人及文人墨客登山,心境不同,感悟自然超凡。宋代政治家王安石登上飞来峰触发哲思:"不畏浮云遮望眼,只缘身在最高层。"苏轼说:"不识庐山真面目,只缘身在此山中。"孔圣人曰:"登东山而小鲁,登泰山而小天下。"登高望远,目睹千峰竞秀,万壑争流,确可使人心胸开阔,志存高远。然而当我登山时,真切的感受却是"步步登高步步难,心愁百结觅答案"。这就是勘界人,尤其是我,不能超凡脱俗的一种"亚健康"

边界留影

心态。不管怎么说,赴海螺岭实地调查后收获还是很大的。我把三位处长召集在一起碰了情况,大家共同商议提出了海螺岭未定地段的解决方案,并起草了《关于划定闽赣线海螺岭(东华山背)段边界走向有关问题的说明》:

经双方反复协商,未能取得一致意见。两省勘办请求上级有关部门提出处理意见。

鉴于此,三部(局)到会有关同志在充分调查研究的基础上,本着有利于国家经济建设,有利于边界地区社会稳定,有利于双方群众生产生活的原则,对该段边界走向提出了意见(已用红线标绘在1∶1万地形图上)。

现将有关问题说明如下:

1. 石城钽铌矿为中国有色金属工业总公司直属企业,钽铌矿为国家重要物资,为保持该企业正常生产,两省行政区域界线不宜从矿区穿过。

2. 钽铌矿区以外的采矿活动不作为定界因素考虑。

3. 禁止任何单位和个人进入国有矿区内采矿,其他矿区外的非法采矿活动两县应立即清理。

4. 该地区的省级山林权属争议问题,在1986年协商后尚未彻底解决。行政区域界线划定后,双方要按照有关政策规定尽快调处。

5. 此次确定的仅是行政区域界线,不是山林、土地等资源争议的裁定线。行政区域界线划定后的资源争议,由双方政府主管部门抓紧调处解决,届时民政部门积极予以配合。

在资源争议尚未解决之前,双方必须维持定界前的现状,保持双方群众生产生活不变。

6. 界线划定后的埋桩测绘及资料整理等工作,两省勘界办应抓紧组织落实并尽快上报国务院审批。

福建的石增兴厅长、江西的刘生櫆厅长当即签署了"同意"的意见。

海螺岭段的划定,宣告了闽赣线实现了全线贯通。两省在《闽赣线勘界纪实》及《工作总结》中写到:"3月21日至23日,闽赣线第七轮协商定界会议在石城县召开。闽赣两省勘界办公室,三明、赣州两市勘界办公室,宁化与石城两县政府及两县勘界办公室有关同志参加了会议。应双方邀请,全国勘界办公室副主任靳尔刚、处长陈鸣、国土资源部开发司处长常玉刚、国家林业局资源司高级工程师赵德明等同志到会协调指导。经双方反复协商,未能取得一致意见。两省勘界办公室请求上级有关部门提出处理意见。"

当然,作为对我们的工作评价可能是高了点儿,但论工作作风,深入实际的吃苦耐劳精神,与下面的勘界工作人员相比,中央国家机关的勘界工作者其实并不逊色。

九
再度七里湖涉水，
解决苏皖遗留问题

九　再度七里湖涉水，解决苏皖遗留问题

至2000年，全国勘界已接近尾声了，所有未贯通留下来的未定地段几乎都是难啃的"硬骨头"。为了保证完成全国勘界任务的既定目标，我提议国勘办的几位副主任按原勘界任务分工，都从全国勘界大局出发，可以打破常规，相互介入原分工的省界

苏皖鱼米之乡

未定地段，去攻克"难关"。这样，宋继华副主任帮助去攻克甘新线，他分管的苏皖线还有三处未定地段，由我去解决。

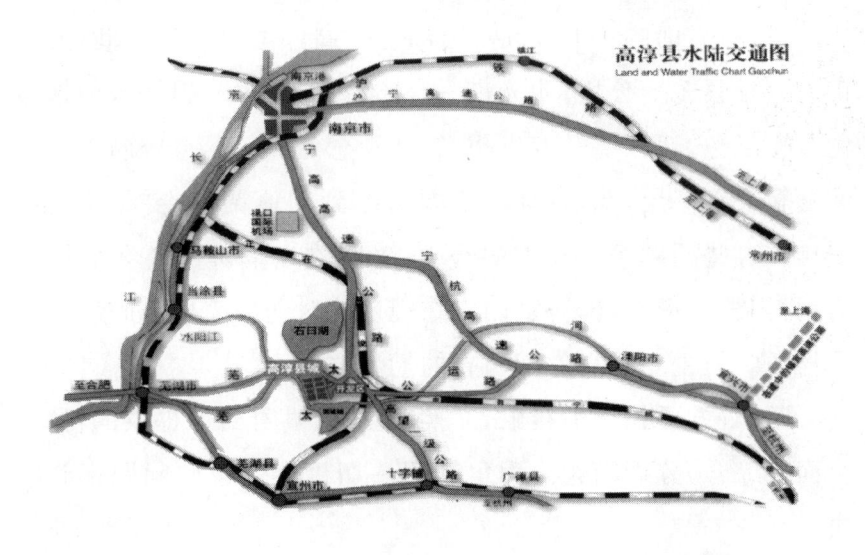

同业务处室商议后,以全国勘界工作办公室名义向江苏、安徽两省勘界办公室发出了《关于做好苏皖线勘界工作的意见》。指出:"苏皖线的勘界工作是1997年的工作任务,经过两省勘界办公室的共同努力,现已大部分勘定。但到目前未通地段的任务还很重,为了确保2000年底全国勘界任务的完成,特就苏皖线的勘界工作提出以下意见要求:

一、今年是全国勘界工作的最后一年,现在留给我们的时间已经不多,为了不拖全国勘界工作的后腿,要求苏皖两省要认真贯彻国务院办公厅《关于按时完成全面勘界工作任务的紧急通知》精神,苏皖线的勘界工作必须在今年7月底以前完成图上贯通。

二、工作中苏皖线继续由安徽省勘界办公室负责牵头,牵头单位要大胆工作,负起责任。江苏省勘界办公室要积极配合。双方在解决遗留问题时要统一思想、统一行动,力争在最短的时间内实现全线贯通。

三、双方面临的任务是:**当涂县—高淳县**约30公里;**天长市—六合县**1.5公里;**明光市—盱眙县**13公里。根据未通地段的工作任务,双方要转变思想、转变观念,采取有力措施,力争把问题解决在基层。有些地段需要双方到实地调查,要尽快组织安排。有些问题经过双方的努力,确实难以解决需要我们协调时,我们将积极参与,协助两省在规定的时间内完成苏皖线的勘界任务。但主要是靠你们两省的勘界办。

四、双方要积极地接触,交换意见,认真看对方提供的材料,全面地综合、分析问题。力争利用一切机会使一些问题得到解决。

五、加强防范措施,确保未通地段的边界稳定。两省要从讲政治的高度要求未贯通地段的县、市领导,认真贯彻朱镕基总理去年 6 月对全国部分省区勘界工作会议的重要批示和国务院办公厅的紧急通知精神,充分认识维护边界地区稳定的重要性,采取有效措施,防止争议事件的发生。对蓄意挑起争议,给人民群众正常生产、生活造成损失的,要追究有关地方政府负责同志的责任。"

苏皖两省勘界办接到国勘办的通知后,下决心在 7 月底前把所剩三处勘定下来,双方立即汇集南京,进一步协商。苦苦谈判了一段时间后,仍进展不大。两省勘界办主任得知我刚刚从外地返回北京,急电邀我出席他们的协商会。国勘办二处是分管苏皖线的,二处副处长李治国已到南京参加协调。此时国勘办已无他人可去。恰恰一处处长陈鸣同志刚出差回来,随同我急赴南京。

对于这三处未定地段,中国社会出版社出版的《中国勘界纪实》(上卷)第 227—228 页是这样记载的:"7 月 17 日至 29 日,民政部全国勘界工作办公室在南京主持召开了苏皖两省勘界办公室勘定难点地段第四次省级协商会议。参加会议的有:江苏省勘界办公室主任陶礼仁、省界处处长贾敬业,安徽省勘界办公室主任陈文华、副主任周湖海。民政部全国勘界工作办公室副主任靳尔刚、处长陈鸣、副处长李治国,国土资源部处长王跃,农业部助理巡视员王希华,水利部符永杰、长江水利委员会总工程师陈鉴出席了会议。会议期间,民政部和有关部委组成了联合调查组,先后到七里湖、六合县进行了实地调查。在联合调查组的协调下,冶山、石臼湖段实现贯通;联合调查组对七里湖段提

出了划界意见,双方表示服从。基本情况如下:

　　天长市与六合县关于冶山的划界问题:7月25日,在民政部全国勘界工作办公室的具体指导和积极协调下,经友好协商,达成如下《协议》:苏皖线六合与天长(冶山)段行政区域界线走向已用0.2毫米红线标绘在安徽省测绘局1983年出版的1:1万地形图上。界线确定后,双方都要继续执行1962年苏皖两省地矿部门达成的《关于将安徽省天长冶山铁矿移交江苏省统一开采的协议》中明确的铁矿范围和1999年《关于江苏南钢集团冶山铁矿东矿区矿业纠纷的调处意见》的生产经营问题;冶山铁矿的管理范围及双方群众的生产生活等维持现状不变。矿产资源费税的依法收缴和林地维持现状不变;有关矿山的安全生产问题双方都要执行矿产法的规定,依法进行生产经营,以确保矿山的正常生产。

　　当涂县与高淳县关于石臼湖、运粮河等处的划界问题:7月29日,在民政部全国勘界工作办公室的具体指导和积极协调下,经友好协商,达成如下《协议》:苏皖线高淳与当涂行政区域界线走向已共同标绘在1:1万和1:5万地形图上。芮家嘴处(运粮河北)窑厂属高淳县所有。界线划定后,其管理使用、经营一切维持现状不变。根据华东协议即《高淳、当涂丹阳湖水利纠纷协议书》中第七条规定:'为照顾南荡圩之安全,在挡浪堤外120公尺以内取土护堤,如有不足用时,由两县政府协商解决。惟损失青苗,应参照水利工程损毁青苗赔偿办法进行赔偿之'。挡浪堤在主航道北侧,见附图。运粮河段的渔政管理、航道管理,界线勘定后,一切维持现状不变。界线勘定后,对石臼湖长乐草场(又称大邢草场)的管理使用和对该草场湖域的渔政管理维持现状不变。关于舍河东侧麦滩的管理使用和渔政管理维持现状不变。界线勘定后,胜利圩西侧两堤间水塘的管理、使用维持现状不变。"

当涂、高淳、丹阳湖、运粮河、石臼湖这一段、这一片一口气使用了四五个"界线勘定后","维持现状不变"。这不怪《协议》写得啰嗦、繁琐,而是把每一段、每一片划清、砸实,以免留有后患。其实这一段在历史上的纠纷从未间断过,分了划、划了分总也整不太清,一处有了纠纷又把旧账翻出来,结果是你翻我也翻,翻到最后谁说了也不算,谁定了也不从。就苏皖这一地儿的历史,在我同苏华先生写的《职方边地》(注:商务印书馆2001年版)第205页中有具体地描述。

丹阳湖有东西之分,跨江苏省高淳县及安徽省当涂、宣城两县之间。东丹阳湖曾于明末清初之际发生过边界纠纷,经协商立碑定界,争讼始息;西丹阳湖又名西莲湖,即苏皖两省所争之地。西丹阳湖分南北两段,面积约为14万亩,北段约大南段10多倍。湖身原来深阔,后

映日荷花别样红

因环境破坏,泥沙冲积,低洼之处渐成滩地,沿湖居民因鱼草之利日益增加,他们各就所近,割草捕鱼,自成界线。到了1919年

有一名叫赵粹记的人，在江苏领垦西丹阳湖的北段，引起高淳人民的反对，后经苏皖两省会同断案，决定禁垦。第二年，又有一名叫胡秉璋的人，在高淳县领垦西丹湖的南段，又引起安徽群众的反对，再经苏皖两省会同断案，同样禁垦。

1925年，安徽人黄志澄等组织了一个华丰公司，在安徽屯垦局领垦西丹阳湖北段，继有一个叫刘邦兴的人组织了一个宝丰公司领垦西丹阳湖的南段，筑圩兴垦。开始的时候，两省民众合力同垦，后因权利争执，内讧分裂。一些没有从中得利的人，借口水利是省界问题，阻止垦务进行，酿成一场大规模的械斗流血惨剧。纠纷发生后，江苏方面认为该湖的70％是属于自己，安徽不应单独放垦；安徽方面则认为整个西丹阳湖都是安徽的，放不放垦与江苏无关。双方各执一词，为省界之争。刚开始两省为了"保家卫省"，都是各自勘查各自的。但你勘查完了他不承认，他勘查完了你又不接受，都没有勘查一模一样。于是，两省有了会勘的意向。等达成会勘的意见后，又因军阀混战，不能前往。直到1928年6月局势大体稳定了后，才派人开始会勘，但终因各怀成见，互不相让，会勘毫无结果。国民政府成立后，其内政部即与苏皖两省政府商讨解决这一问题的办法，1929年9月，国民政府内政部、江苏省、安徽省三方组成一个调查会勘委员会前往实地会勘。勘毕在南京开会研究，江苏方面提出，若公平公正地解决这一个问题，首先应该禁垦，这是先决条件，因为西丹阳湖为高淳、当涂、宣城三县积聚的地方，关系到附近各熟圩水利至巨；安徽方面认为，以运粮河为界，全湖都是安徽的。双方意见相差太大，争论甚为激烈，内政部原定的仲裁方案，两省均不同意，也不接受，会议只好停止。

第二年，内政部又派人会同苏皖双方委员及高淳、当涂、宣城三县县长重新履勘。之后，仍在南京开会，双方意见仍然是毫无接近的可能，不得已停会另议。国民政府内政部参加会勘的人员认为，此案是因安徽放垦才影响到水利问题，这是争执的症结所在，如不实行禁垦，不足以解决此案纠纷。该湖上承宁国、广德之山洪，下受芜湖倒灌之江潮，山洪暴发与江潮陡涨，均赖此湖为宣泄停聚之所，一旦圈筑成圩，则水道堵塞不通，宣泄无途，聚蓄无地，势必横流泛滥，为害高淳、当涂、宣城三县附近各熟圩。这三县附近各圩，大小数百，大的如高淳的永丰圩、当涂的大官圩、宣城的金宝圩，均各有 20 多万亩，小者亦有数千亩、万亩不等，一旦溃决，后果不敢设想。此种水利问题，应该详加考虑，不可忽视。至于苏皖两省滩地界线，原本不清，应该重划。江苏方面所指界线，均系荒滩蔓草，无明确界址可寻；安徽方面所定界线，较为适宜。内政部在斟酌双方情形并顾及双方利益的情况下，照安徽方面所定界线，略加修改，如此裁定：一、西丹阳湖东北自石臼湖南边的中流河起，经分界沟至官溪河，再经小九华入运粮河，沿河经澄沟口至水阳镇止，河东属江苏高淳县，河西北部的忠惠废圩及花津滩完全划归安徽宣城管辖。二、分界沟北边的塘沟镇及会昌圩庆丰圩等地方，本为安徽当涂辖境，苏皖两省政府及人民所公认，应无界线争执，唯以该段地形而论，系属嵌地，应划归江苏高淳县管辖。如此，则与天然形势，行政便利，均属相合。三、新定界线之行政权，自应分别转入管辖，人民执业权，一仍其旧。此案结案期为 1931 年 2 月 7 日。

既然都划分清楚了怎么还会有纠纷呢？这说明"事清理不清，理清事不清，事清、理清、人不清"。总而言之，纠纷背后有太多、太复杂的原因和背景。因此,你说了不算,我说了也不算,上面说了还不算,那么,到底谁说了算呢?我们划界与国民政府划界有一个根本性的区别,那就是"划界不扰民"。不扰民就需要扎扎实实地把情况搞清楚,尤其要相信,当事人的老百姓是讲理的,他有不讲理的地方是我们行政者没有把理讲清,民不欺官、官不压民,对于勘界尤为重要。此地的历史遗留难题,就是本着不扰民的原则双方协商解决,至今相安无事。

三处未定边界已划清了两处,最后一处是七里湖了。

2000年7月19日,国勘办李治国副处长会同农业部渔政局王希华助理巡视员,在两省勘界办的陪同下对七里湖进行了实地调查,组织协调后初步提出了以湖主航道划界的意见,江苏未表示反对,安徽却死活不接受。通常这么划定一般是符合勘界政策的。安徽感到原属自己管辖的大片养殖区划到了江苏一方,既不公平又不合理,实在无法接受。一旦这么定下来,安徽方面的渔民网箱养鱼就会被掀翻,这是在有争议的湖区有过深刻教训的。安徽省勘界办主任陈文华副厅长将此情况报告了主管的田副省长,田副省长回复:请国勘办靳尔刚同志再到七里湖去实地调查一下,待他提出处理意见后再作决定。由于工作关系,主要是涉及安徽的区划调整工作,我和田副省长见过几次面,比较熟悉和信任。

陈文华同志把意见转达后我只好从命。一般我不会轻易推翻下属的意见,何况还有农业部的司局级公务员赞成主航道划界的意见。为攻克最后一个堡垒,我与同去的陈鸣处长商议,为把真实情况搞清,我们要采取一些超常手段,再次下湖。

七里湖风光秀美,水面广阔,鱼肥草丰,鱼、虾、蟹、螺样样都有,盛产莲藕、菱角,尤其网箱养鱼,给皖苏明光、盱眙渔民带来很大的经济效益。此外,该湖有通航之便,水路运输对促进双方的生产和群众生活有莫大益处。定界是否合理,当地干部群众都十分关注。

七里湖好风光

为避免干扰调查,真正地掌握实情,7月26日夜间12点,我请陈鸣处长召集安徽省勘界办的技术员方耀明、江苏省勘界办的技术员丁声龙开会,由我主持议定明晨到七里湖的调查事宜。此次调查不再请两省勘界办的其他人员参加,厅长、处长们也不必陪同。早餐随便在路过的摊铺买点方便食品即可。下湖所用船只,两者都不要准备,到了湖边临时租船,另外还要封锁消息,以免下面有所准备。一切安排停当之后,晨6点即乘车出发直奔七里湖。随同调查的除与会人员外,还有水利部的符永杰科长、长江水利委员会的陈鉴总工程师。

一切按计划进行。下湖后一处一处询问,一个一个地登记被调查人的名字,在湖里养殖情况、占用水面范围、属于哪个县哪个乡的,有可能的再请下一个被调查人验证上一个被调查者的情况。两个省的技术员可以相互作证。调查情况请两技术员同时标在图上。实际情况是渔民的作业区和养殖区大体上是按省籍连片的,尽管你中有我我中有你的插花现象,分属一般是清楚的。但也有部分渔民虽不属一省,而有亲戚关系搭帮着养殖和生产,这毕竟占少数,细化了可以分清。这不是分家,而是定界。只要是方便行政管理,分散的服从连片的,小的服从大的,部分的服从整体的,行政区域管辖界线大体可以界定。为了划界不扰民,再补充些具体要求和说明问题就不会很大,而且基本上可以照顾到两省的平衡。问题查清了,划界的底数也就有了。

要点部分叙述完了,在次点方面还要加点花絮。也就是说,自以为此次调查,消息封锁得很严,踏勘情况不会受到迷惑和误导。其实不然,调查到一半时,不明省籍的渔船时不时向我们的船靠过来,主动要求让我到他们指定的地方去察看,有的说是安徽的,有的说是江苏的。幸亏我们处理过几起界湖纠纷,对渔民的生产生活情况还是有些了解,也还掌握一些常识。真正的渔民在这个季节是不会穿鞋的,天天在湖里劳作,皮肤晒得黑里透红,其光着脚的脚趾往往是分开的,大概是常年在船上光脚丫作业形成的,不像我们的脚趾那样收拢。来者多同我们一样,不仅穿着鞋,卷起的袖子下露出白皙的皮肤,尽管会摆船,但行船的走势不像渔民那么自如,显而易见是另有所图。对于经常搞勘界的工作人员,这些辨别经验是有的。我们国勘办的同志,提起这些"假证",常常乐得合不拢嘴。有的尼姑会识别1:10万的地形图,什么等高线、高程点、高海拔,比勘界人讲起来还专业。记得有一次去处理河南范县与山东莘县的边界区划问题,自称

九　再度七里湖涉水，解决苏皖遗留问题　159

是老生产队长的人，挤上我们的大轿车就侃起来，他本是莘县的，讲了一些对范县很有利的实话。话还没说完，就被山东方面的同志"请"下了车，而且直呼其名，说他酒喝多了，净瞎扯。我原以为是范县特意安排的，结果不是。这我就摸不着头脑了，后来才醒过闷儿来，禁不住笑起来。对陪我的厅领导开玩笑说，他真的是喝多了，酒后吐真言嘛！"演员"没选好，"导演"下工夫也不够。同车的人哈哈大笑。当然，这在勘界中并不典型。

　　由于心里明白，对两家私下向下通消息的情况我未作批评。调查按原定方案进行，未受到什么影响。忙乎了一天，总算顺利地搞清了情况。我想，再次组织两省协商定界，恐怕也不会有实质性意义。只有我们拿出具体的解决方案，才可能抚平两家忐忑不安的心。对七里湖的界线划分，由我属下的两位处长起草，确也为难他们。于是，我执笔写了《关于苏皖线七里湖段省界的划定意见》，内容如下：

　　根据《国务院关于开展勘定省、县两级行政区域界线工作有关问题的通知》（国发〔1996〕32号）和国务院办公厅2000年4月11日发出的《关于按时完成全面勘界工作任务的紧急通知》精神，为尽快贯通苏皖线，2000年7月18日至29日，两省勘界办在南京市就未贯通地段再次进行协商。国务院勘界联席会议有关成员单位民政部、农业部、国土资源部、水利部及长委会先后派代表参加了两省协商会。就七里湖地段双方仍未达成一致意见，为确保全国勘界任务的按时完成，国务院联合调查组先后两次下七里湖进行实地调查，根据调查所掌握的情况及双方群众在湖上的生产、生活实际状况，本着划界"不扰民"的原则及有关法规规定，现提出七里湖段的划定意见：

一、界线走向，以双方群众生产、生活的现行航道为界（详见附图）。大致走向：即从苏皖线已定的 A 点起沿主航道向北略偏西至汪咀（皖）、丁咀（苏）间，折向北偏东至吕咀（皖）、丁咀（苏）间，沿支航道走向转南偏东南一段约 200 米以后转向北偏东，后沿浅滩南侧，复沿主航道分界，走向东偏东北转至 B 点。

二、此次划定的仅是行政区域界线，不是资源划分，不是水面及群众承包养殖范围的划分。因此，界线划定后双方群众在水上的捕捞采摘、养殖、船只行驶等生产、生活一律维持现状不变。

三、维持现行的湖政（渔政）管理不变。

四、此段界线的划定，表明苏皖线实现了全线贯通。望抓紧做好该条省界的埋桩、测绘、资料汇总等项后续工作，力争 10 月底前由两省政府上报国务院审批。

对这份《划定意见》江苏勘界办主任陶礼仁厅长和安徽勘界办主任陈文华厅长都皱起了眉头。看出他们都认为未达自己理想的结果，但也没有当面表示不赞成。为把工作做细，我又详细地把调查情况向他们说明，讲清这么划的理由，强调勘界的一条重要原则是"勘界不扰民"，以现状划界。此时我已从事勘界工作五年，研究过国际勘界的大量资料，对国民政府从 1930 年至 1936 年所划的三条不完整的省界情况也还熟悉，并写了一部长达 50 余万字的中国勘界报告书——《职方边地》，也算是我们对省边界、县边界划分有些研究。再加上对实地调查所下的工夫，我自信对《划定意见》没有解释不了或解释不清的问题。此时两位厅长仍沉默不语。我心里明白，这两位都是勘界老手，彼此心里都在较劲儿,看你说什么,我再说什么。尽管心里都不高兴,脑子里却转着自己一方的利弊得失。遇到这种情况,我心里倒是偷着乐。前面已经说过,凭经验,一方赞成一方反对,这可能真的有偏差;双方都高兴,从未遇到过(即使高兴也会表示出不满),双方都不满意,成功率极高。这就是勘界之难所表现出的一种特有规律。有谁愿意再承担"出卖领土"的李鸿章呢?

　　江苏省勘界办主任陶礼仁同志,时不时地摘下眼镜擦了戴,戴了又擦,过一会儿从他衣袋掏出烟来给我点上,烟、火俱备,但从未见他吸过烟,对于同志间这些生活细节,有时我是注意观察的。这也是在军队多年做政治工作养成的一种习惯。到现在我仍纳闷儿,他不吸烟带烟和打火机干什么,陶厅长是从省委组织部调来的,待人和善,处事周到、稳健,头脑很精明。主管勘界后,由于工作上的关系我们还多有接触。在与周边省的划界问题上,他虽然不想占别人多少便宜,但从来不吃亏。我勘界办的同志们对他的评价是"老谋深算"。在我看来这不算是贬义,而是老成持重,是厅级干部应具备的一种素养。安徽的省勘界办主任陈文华厅长则是另一种风格的领导同志。也是全国数万名勘界工作者中三位杰出的女厅长(另两位是吉林省厅的冯明芳厅长、山西省厅的赵生平厅长)之一。出任民政厅副厅长前曾任铜陵市的区委副书记、区长。1995年11月,经全省公开选拔选中后任副厅长。她学历高,知识面广,工作责任心、事业心极强。全国正式勘界伊始,部里举办勘界知识业务培训班,她是唯一到京参加学习的厅长。在她的率领下,安徽省内县界划分,有105处纠纷和难点,都是通过协商、协调解决,无一处上交省政府裁决。勘界人都明白,这真是了不起的功业。尤其对于一位女厅长,爬山越岭,起早贪黑,抛家舍业、日夜星辰地艰辛劳作,个中之苦、之难、之累、之痛只有经历者才会有切身体会。对陈文华同志的勘界事迹,《中国社会报》已有长篇报道,不再赘述。

对《划定意见》,陈厅长终于先开了腔,说这么大的事自己做不了主,待请示省政府后再表态。陶厅长附和着说同意陈厅长的意见。对此我表示理解,但我说明,北京已来电话催我返京,另执行国务院领导交办的紧急任务,机票已订好,限时中午12点以前签字,午饭后1点钟准时乘车去机场。两省表示了同意的意见。

午饭摆好了,行李上车了,中午12点半已过,江苏省一把手厅长顾汉萍赶来送我,同时带来了好消息,说江苏可以签字。此时陈厅长还没有露面,我焦急地等待,不断地看手表指针,12点45分,陈厅长带着沉重的面容出现了,说我们服从吧!总算有了回声,压在心上的石头落了地。我高兴地举起酒杯,激动地宣布:"公元2000年7月29日,中华人民共和国的省界,苏皖线实现全线贯通。我提议,为祝贺两省所取得的重大成绩,干杯!"继之,在餐桌上,我代表国勘办,陈、陶两位厅长代表两省勘办,在《划定意见》书上郑重地签了字。

七里湖划定后陶、陈厅长
握手言欢,互表祝贺
后排右三:
　　江苏省民政厅长顾汉萍
前排左一:
　　江苏省民政厅副厅长陶礼仁

《中国勘界纪实》(上卷)第 228 页记载:"2000 年 7 月 29 日,苏皖线的遗留问题全部解决。至此,历时 4 年的努力,苏皖线实现全线贯通。"

本篇附记：

《边界路漫漫》这本小书，为了对史实负责，对读者负责，凡书中涉及的事和主要当事人我都将书稿寄送过去，请其纠误把正。如本篇，我于6月25日致函陈文华、陶礼仁：

陈文华、陶礼仁两位厅长：你们好！

最近我写了一本长篇纪实性报告文学——《边界路漫漫》，其中第九篇的题目是"再度七里湖涉水，解决苏皖遗留问题"。您两位是当事人，从叙述事件的真实性方面请把好关。现将此篇书稿送上，请于7月20日前把书稿退我。谢谢！

民政部 靳尔刚
2004.6.25

安徽省民政厅陈文华厅长阅改后批注：

请陶厅长阅改后寄回靳司长处。

陈文华
2004.7.7

江苏省民政厅陶礼仁厅长阅改后写信给我：

靳司长：

您好！

大作的第九篇已拜读。苏皖两省勘界过程中"三大难点",特别是七里湖问题的解决,您和国勘办的同志做了不少工作,经您这么一写,当年勘界所涉及的人和事跃然纸上,过程及细节淋漓尽致,不由感慨万千。

关于我给您递烟的一段,建议不要写上。从部领导到全省的民政局长,从省级机关各厅局到我厅机关处长,乃至厅里每位同志,熟悉我的人都知道,我虽戒烟十多年,但随身带烟、火不断。此习惯一直保留至今,看来您真的还不太了解我。

有几处字打错了,已修改,供参考。

致
礼!

陶礼仁
2004.7.12

两位厅长极端负责任的态度令笔者感动。关于陶厅长递烟一事,因事实没有出入,故我坚持保留。此事因无关大局,陶厅长来信又把这一习惯写清了,作为附记言明,比删去的写实意义更大,望陶厅长谅。

十

小小湖泊争议焦点
——国务院直接裁决红碱淖

大漠奇观——红碱淖

红碱淖，全称为红碱淖尔湖。我在查阅资料书籍中，看到牧寒编著的《内蒙古湖泊》中，对红碱淖尔湖有这样的记述："位于鄂尔多斯市（原伊克昭盟）伊金霍洛旗新街镇东南境与神木县交界处。

水美鱼丰红碱淖

一百多年前由莎克河蓄积成湖。在水位高程 1230 米时湖长 11.6 公里，平均宽度 5.2 公里，面积 66.3 平方公里，平均水深 10 米，最深达 20 米，属淡水湖。红碱淖尔湖湖面宽阔，湖水透明度好，pH 值 8.9—9.1。1958 年建立国营渔场，年产鲜鱼百余吨，盛产鲤、鲫鱼，以及南方引进的花、白鲢、草鱼等。"

红碱淖系内陆湖，位于东经 109°48′至 109°58′、北纬 39°06′至 39°12′之间，湖面约 8 万亩。是我所参与的界湖纠纷调处中水面最小的一个湖，然而却是勘界中最难划分的一个湖。

红碱淖的形成历史很短，始为积水凹地，到 1949 年积水扩大约为三万亩。至今成湖约占地 8 万亩。是内蒙古自治区伊金霍洛旗与陕西省神木县的交界处。蒙陕线除红碱淖湖外，另有一段陆地界线即席芨滩段未划定，这两处直接影响着蒙陕边界线的全线贯通。

轻风拂面　湖水拍岸

十 小小湖泊争议焦点——国务院直接裁决红碱淖

蒙陕线按国勘办主任分工由陈继选同志负责。我同张卫星副处长正在阿拉善盟处理蒙甘线的边界遗留问题，根据李宝库副部长的意见，协助陈继选副主任把蒙陕线未定地段拿下来。我处理界湖的划分已积累了一些经验，由于红碱淖尔水面小，形成历史短，开始并未在意，只要把情况调查清楚，我想不难解决。

此时蒙陕勘界办公室及有关市县人员正在内蒙古伊克昭盟召开勘界工作会议。我们刚到不久，双方便主动地汇报了红碱淖及席芨滩的情况。陕西方面反映：红碱淖在陕西神木县境内，随着湖面的不断扩大，湖水先后淹没了神木县尔林兔镇的东葫芦素、后尔林兔、前尔林兔、庙壕、贾家梁5村，耕地计约12500亩，草原牧场85000亩，因此才逐渐形成了这个湖。红碱淖尔的东北、北、西北侧有神木的3个村和8个村民小组及大量耕地，都由神木县管辖。1958年3月，内蒙古伊金霍洛旗要求与我神木县在红碱淖合办渔场，我方未予同意。后来伊金霍洛旗的人由临时打鱼到修建简易草棚，直至发展到办渔场。对此神木县创业村提出渔场占地必须补偿，该渔场最多一次支付地皮补偿费12万元，且有证据。

听起来红碱淖属陕西神木县理由是充分的。一、淹没了他们的地形成了这个湖；二、湖周边的村庄和地现由神木县管辖；三、内蒙古一方在红碱淖尔办了渔场向其补偿了占地费。听完之后我只反问了一句话："如此说来红碱淖属陕西省的内湖，但我是来处理两省区之间界湖的，如果不是界湖让我来干什么呢？"他们对此没有立即做出回答。

内蒙古方面反映：红碱淖位于内蒙古伊金霍洛旗与陕西省神木县交界处，现有水域面积6.8万亩，我区伊金霍洛旗对其一直行使着行政管辖权。1958年5月,根据红碱淖水域管理和生产的需要,当时的郡扎旗人民委员会批准在淖北岸建立了渔场,同年8月陕西神木县人民委员会经与郡扎旗协商后,在淖南岸建立了渔场;1991年11月,伊金霍洛旗人民政府对我区红碱淖渔场正式颁发了《土地使用证》;1997年7月,伊金霍洛旗人民政府与神木县人民政府联合发出《关于进一步加强红碱淖水产资源保护的通告》;伊金霍洛旗始终对我区红碱淖渔场的生产计划、人员户籍、治安、渔政、税收等进行统一管理至今。1958年,我区渔场和随后建立的神木县渔场经协商对水面管理、使用共同达成协议,并对鱼苗投放、捕鱼日期、渔船规格数量、网眼大小作出规定。从1978年开始,双方先后召开过12次年度渔业生产协调会议,解决双方生产中出现的问题。全国开始勘界了,陕西神木县的创业村采取挖断我渔场道路、砍倒渔场大门树木、推倒渔场厕所等手段,强行给我们划定渔场界线。我方渔场为减少企业损失,不愿与创业村百姓结怨成仇,无奈之下,于1999年3月30日与创业村达成协议,在两省区正式划定边界前,不再发生影响生产的事件,赞助该村教育事业费12万元,这是我方渔场的企业行为,是为了发展生产,不激化矛盾的权宜之计。红碱淖历史上属于我区所有,由于近几年水位下降,淖边淤出了不少滩地,陕方农民开始种植农作物,我方牧民是靠放牧为生,随着陕方种植面积的不断扩大,垦地农民不断增加,对此我牧民意见很大,反映强烈。我当地政府为顾全大局,防止发生冲突,教育群众采取克制态度,说明湖水下降后的滩涂地属国有土地,陕方农民强行占有,但勘界时不能成为定界依据。时至今日,才形成了红碱淖周边的经营生产现状。为维护稳定,考虑到双方群众生产生活现实,我区划定此段界线的意见是:红碱淖南北岸都建有各自的渔场,几十年来相安无事,此次定界,为维护两省区在红碱淖形成的实际管辖,可将该湖一分为二,各占一半,明确资源权属。

内蒙古方面的情况介绍很明白:红碱淖是我的,既然1958年双方都在湖边建立了渔场,湖边又多属陕方农民开垦,我方牧民又不种地,只好认了。但湖得一分为二,之后再把资源权属分清楚。

双方在介绍情况时都曾提到,在全国正式勘界前,红碱淖的归属问题历史上早有争议,而且民政部也曾参与过处理。为了搞清楚来龙去脉,比较稳妥地解决好这段未

湖上泛舟

定边界,我思考着还是要到实地把情况搞清楚,同时也要把民政部过去是如何处理的,为什么未定下来呢等问题,回京后要查个明白。看来,这个小湖解决起来并不简单。

早在1978年11月,内蒙古自治区人民政府向国务院提出报告,要求处理内蒙古自治区与陕西省两省区的边界问题,并坚决要求将四盐湖和周围的盐业工人划归内蒙古自治区管辖。1979年3月21日,全国人大常委会副委员长在一封信上批示:请程子华部长核实所反映的问题,如系非法划出去的,可否考虑将四盐湖重新划回去?处理四盐湖问题时,另涉及红碱淖问题。1979年8月,民政部部长程子华委托副部长袁血卒会同国家民

政委副主任黄光学主持了内蒙古和陕西两省区的协商调解会议,几次协商未果。1981年4月21日,民政部向国务院呈报了一份《关于处理内蒙古与陕西两省区边界问题的报告》。这份报告提出了民政部请国务院在四个方面进行裁决的意见。第三个问题就是红碱淖,文中提到:关于红碱淖海子问题。内蒙古方面认为:红碱淖原名叫特木哈达昌汉淖。历史上红碱淖从来没有出租出卖过。该淖至今对伊盟各族,特别是对少数民族仍有较大的影响。新中国成立初期和合作化前,淖南面有伊旗居民,双方群众插花居住。根据历史和现实的情况,都应该在中间划线。为了便于领导,便于生产,要求将该淖北面的三个生产队划归内蒙古管辖。陕西方面认为:红碱淖海子位于神木县境内,归属非常清楚,应该是没有争议的,所以也不宜划给内蒙古管辖。鉴于1958年以来双方在红碱淖海子都办有渔场,为照顾蒙古族同胞

中国最大的沙漠淡水湖——红碱淖

的经济利益,在收益分配方面,可由双方商定协议解决。至于红碱淖海子北面的三个生产队,应该尊重多年来的行政区划,不宜多加变动。至于渔业生产问题,可由神木县为主,内蒙古伊金霍洛旗也参加进来,共同成立一个红碱淖海子渔业生产管理委员会,统一领导,统一经营,统一核算。收益分配、渔场建设等具体

问题，由双方商定后，报两省、区人民政府批准执行。

不知出于什么考虑，国务院当时对这个建议报告未予批复。后来，程子华部长找内蒙古自治区党委书记周惠、陕西省委书记马文瑞面谈此事，表示民政部尽了很大的努力调解并未成功，请他们两位直接协商处理。

至于红碱淖问题，主持两省区边界协商会议的民政部副部长袁血卒同志在协商会议上的发言中提到："关于红碱淖问题，历史上是属于内蒙的，现在陕西神木县境内。一九五八年双方各在此地办渔场一处，二十年来由于捕得多养得少，鱼源已接近枯竭。为争水源，经常发生纠纷甚至武斗，严重影响了民族团结，影响了生产，山洪暴发时有七股水注入红碱淖内，过去已淹没神木县大片土地，林场和村庄，若不及时治理，将危害神木县十余万人民生命财产安全。为避免水害，便于治理，我的意见，内蒙

野外作业

要做点让步，把红碱淖划归陕西神木县，使水面保持在安全的限度内。双方合办渔场，共同管理，收益对半分成。内蒙提出从红碱淖中间划界，把神木县在红碱淖水面的三个生产队划归内蒙，我看这个意见不利于发展生产，也不能彻底解决纠纷。"

对于老部长的这个发言，态度很明朗，就是让内蒙古一方做

些让步,为利于发展生产,把红碱淖划归陕西。这就是后来内蒙古一方不做出让步,而陕西方面认为红碱淖应该划归自己的合理理由之一。

下一步该怎么办?这个水面不大的界湖该如何处理?国勘办必须派员直接到实地调查明白方可做出决断。2000年10月中旬,国勘办处长陈鸣、国土资源部处长孙建宏、国家林业局处级调研员赵德明,组成联合调查组,在两省区勘界办主管处长的陪同下,径赴实地进行调查。11月10日,调查组报来《蒙陕线勘界遗留问题调查报告》(以下简称《调查报告》),关于红碱淖地段,《调查报告》中提出:"蒙方意见,红碱淖应全部划归蒙方,最后让步方案也要划一半。陕方三个村屯可划归蒙方或作飞地处理。理由:红碱淖的权属及其水资源管理历史上至50年代初属内蒙所占有。50年代末开始,虽然陕西方逐渐在湖的周边移民建屯、设渔场参与湖面管理和水资源开发利用,但蒙方一直未放弃对整个红碱淖的权属。1958年初,伊旗在湖北岸建立的地方国营渔场与陕西神木县1958年秋在湖南岸建立的地方国营渔场,已协议经营管理至今40余年。陕方意见,以湖的北侧东西走向的牛车大道为陕蒙界线。渔业生产维持现状。理由:按(国发〔1996〕32)号文件,以行政区域管辖现状为基础划界。湖的西北、北、东北有3个行政村8个村民小组278户1182人,耕地面积3050亩。陕蒙双方群众对实地界线均认定清楚。红碱淖海子位于神木县境内。"

"根据勘界有关政策规定,本着有利于国家的行政管理,有利于保护、开发和利用自然资源,有利于边界地区社会稳定和经济发展的原则,结合这两处实际情况,我们认为,确定这两段行

政区域界线时,需要着重考虑以下三个问题:

一是红碱淖(含水面及退水后的荒滩沙地)、席芨滩草场,从总体上看已形成了共同使用、共同参与管理的大的利益格局(共养、共管、共牧),这种利益格局不宜改变。

二是行政管理方面,红碱淖北侧陕方的三个村屯,蒙方的数个村屯、蒙方的地方国营渔场;席芨滩草场的依赖性也应予以考虑。

三是应积极稳妥地处理问题。鉴于这两处争议历史久远,情况复杂,短时间内难以彻底解决资源权属问题。因此,只能采取行政区域界线与资源权属界线两线分离的办法。行政区域界线划定后,双方群众生产生活维持现状。原土地的权属和使用现状不变。"

最后提出的处理意见是:"关于红碱淖地段:行政区域界线走向兼顾双方行政管理和资源利用,少部分水面划入蒙方,大部分水面划入陕方。行政区域界线划定后,双方跨界居住村民的行政管理以及双方的土地、林地使用,仍维持勘界前现状。红碱淖水面的使用、管理,仍按双方协议执行。"

我赞成由三部委(局)组成的调查组所提出的处理意见。红碱淖作为界湖,根据实际情况只

室内作业

可能一方水面占得多一些,一方少一些。几十年历史形成的这

个结局,同时也争议了多少年,定界时完全划归一方,变界湖为一省内湖,以便于管理的说法,从理论上可能是正确的,但从现实的实践方面看,往往会留下很多后患。界湖一旦归一方所有,另一方感到不公平倒不说,占有方在处理具体利益分配事务中,自觉不自觉地容易产生反感,从而又加剧了新矛盾的产生。有的为了逼对方退出,把养鱼的网箱拔掉,有的做出种种规定和限制,这不准、那不准迫使对方作出反抗,矛盾不但未解决,反而愈演愈烈,这就是现实,也是一种深刻教训。既然是界湖,就按界湖的原则处理最为稳妥,这在国际上,也是通行的划分界湖的处理原则。在国勘办主任李宝库副部长的主持下,我阐述了这一观点,几位主任都表示了同意的意见。这样,把红碱淖靠近内蒙古养鱼场的水面约六分之一划归蒙方、六分之五划归陕方。其他方面,仍维持双方所达成的协议不变,资源权属

霞云纷飞

不变,湖边村屯的原行政区划不变。复杂问题简单处理,也不失为勘界工作中的一条经验。不然,总也斩不断理还乱。

2000年12月18日,民政部以(民发〔2000〕283号)文向国务院上报了《关于划定内蒙古自治区与陕西省红碱淖地段和席芨滩地段行政区域界线及有关问题处理的请示》(以下简称《请示》)。《请示》件报到国务院后,国务委员司马义同志把李宝库副

部长、我和其他有关人员召集到中南海他的办公室,进一步听取了我们的汇报,原则上同意了我们的处理意见。并指示我们,可先把"处理意见"告知两省区,先看看他们有何反映,之后国务院再正式行文。

照此办理后,2001年1月15日、2月2日,陕、蒙两省区分别向国务院反映了意见,国勘办根据两省区所提意见,对"处理意见"中红碱淖地段的局部界线做了微调。2月5日至6日,国勘办又把两省区民政厅主管领导请到北京,再次把微调后的"处理意见"向双方通报情况,由两省区勘界办负责同志张继烈、山振兴签字形成了《关于通报划定内蒙古自治区与陕西省红碱淖和克珠尔滩(席芨滩)地段行政区域界线微调方案会议纪要》:

"为划定内蒙古自治区与陕西省红碱淖和克珠尔滩(席芨滩)地段行政区域界线,民政部等部门进行了实地调查,提出的解决方案经国务院勘界工作联席会议讨论通过,并通报给两省区人民政府。陕西省政府张伟副省长今年1月到民政部汇报情况时,提出在红碱淖处,界线紧靠陕西省的村庄,易引发争端,要求适当改变。为此,民政部对红碱淖段的解决方案进行了微调,在靠近陕西省村庄处划出了一部分水面给陕西。根据国务院领导关于征求一下双方主管部门意见的指示精神,2月5日至6日,民政部全国勘界工作办公室在京召开会议,分别

渔歌晚唱

向蒙陕两省区民政厅主管同志通报了微调方案,双方各自表述了本方意见。会议由区划地名司司长、全国勘界工作办公室副主任靳尔刚主持,民政部副部长、全国勘界工作办公室主任李宝库出席了会议。内蒙古自治区民政厅庞启厅长、王永命副厅长、张继烈处长、樊志助理调研员,陕西省民政厅山振兴副厅长、王凯助理巡视员、宋和平副主任参加了会议。现纪要如下:

羊儿成群

一、双方会上提出的对划定内蒙古自治区与陕西省红碱淖和克珠尔滩(席芨滩)地段行政区域界线意见及理由

内蒙古自治区方面:经过认真研究,一是因此段界线确实争议历史长,协调处理难度较大,在合情合理的前提下可以适当"微调";二是"微调"要坚持勘界原则,统筹兼顾,公平合理,不能迁就无理要求。具体意见如下:

1.国勘办2001年元月份下发两省区的"关于划定内蒙古与陕西省红碱淖、克珠尔滩二段行政区域界线的处理意见",我区在春节前因党政主要领导忙于抗灾救灾,未能及时征求基层意见,节后立即召集盟、旗领导,通报并进行了认真研究,盟、旗都认为"处理意见"未能考虑我区意见,有失公允,特别是少数民族干部群众反响较大,难以接受。据此,自治区人民政府又一次向国务院写了请示。

2.我区人民政府内政发〔2001〕17号《内蒙古自治区人民政

府关于划定我区与陕西省红碱淖和克珠尔滩两段行政区域界线的请示》，是在进行实地调查的基础上，充分考虑沿界地区双方群众的生产生活，符合历史和现实的，请国勘办在划定两段争议地区界线时给予充分考虑。

3.我区坚持红碱淖段的界线按两省区对红碱淖多年形成的共同管理、共同投资、共同利用、共同受益的历史和现状，将湖面现有水域面积一分为二，双方各占一半。

"微调方案"将"处理意见"中红碱淖东岸的界线做了大面积调整，为此，我区要求：

第一，以"处理意见"划法为基础，这次"微调方案"调整出去后必须从淖的南面给我区调整大于调出面积的水域，总水域面积不得少于三分之一，这样，我们也等于在一分为二的基础上作出了大量的让步；

第二，我区渔场职工西米安良的住房在"处理意见"中划入了陕西，同时此段界线的划法切断了我区红碱淖西北几个村庄牲畜饮水路，请在此处的界线走向上部分调整，将西米安良划入内蒙和给留出一定范围的水边保证附近几个村庄的牲畜饮水；

第三，红碱淖渔场1958年修筑的道路在"处理意见"中划到陕方，我们认为理应划归我方，只有这样，才能保障我区渔场的生产生活，才能防止今后发生新的纠纷。如确有困难，也必须在裁定时明确，通往渔场的道路由渔场维护，双方共同使用，任何一方不得破坏、阻挠；

第四，"处理意见"第一条"红碱淖水面的使用、管理，仍按双方协议执行"的提法模糊，应明确为"红碱淖仍按双方的协议，共同管理、共同利用、共同经营的原则执行"。以保证我区渔场的

合法权益和杜绝今后可能引发的争端;

第五,"处理意见"应明确,行政区域界线划定后,双方跨界居住村民的固定设施(房屋、墙院、棚圈,耕、林地,草库伦)应维持1996年全国全面勘界开始前的现状,不得扩大使用范围。自然草场的界线一经划定,双方应严格守界生产,防止产生新的争议。

陕西省方面:通报的方案虽然考虑了当地群众生产生活的实际,作了部分调整,但与我省人民政府的两次书面报告及我省张伟副省长今年1月17日的汇报意见,尚存在一定差距。我们认为,应维持我省人民政府2000年11月10日《陕西省人民政府关于蒙陕线边界红碱淖争议段和席芨滩争议段问题的请示》(陕政字〔2000〕87号)文的意见。坚持以行政区域管辖现状为基础,确定这两段的边界走向,维持我省对红碱淖海子的现行管辖,确保红碱淖海子的综合治理和开发利用,坚持从大局出发,确保双方群众生产生活秩序正常、稳定。具体意见是:

1. 关于红碱淖地段。红碱淖海子周围全是我省神木县的村庄、群众及土地。沿红碱淖北侧双方公认的传统习惯线,以双方群众修筑的堤坝、栽种的树木、沙柳、围成的铁丝网等自然形成的大车路为界。红碱淖现状管辖属于我省神木县。考虑到自1958年以来,内蒙古方面在红碱淖海子开办渔场的实际情况,陕蒙可按双方渔场原有协议,维持现有渔业生产现状。

2. 关于克珠尔滩(席芨滩)地段。应以长期以来定边和前旗双方群众形成的北畔大路为界。现实管辖的主要标志明确,双方群众承包的草场、土地都用铁丝网围了起来。双方实际管辖清楚。对于克珠尔滩(席芨滩)地区内蒙古一方牧民放牧问题,仍按照双方群众放牧习惯,维持现状。

二、双方表示坚决服从国务院裁决意见,做好本方基层干部和群众工作,维持边界地区稳定。"

从《纪要》中可以看出,双方主管部门的反馈意见,基本上是两省区政府意见的重申,表明了各自侧重考虑本方利益,片面强调本方所谓"理由",未能客观求实地考虑对方的情况和利益,因而可采纳的意见不多。于是,我们及时与国土资源部、水利部、国家林业局再次进行了认真研究,形成的一致意见是:

关于红碱淖地段。水域总面积约 7 万亩,将约 5/6 划入陕西,1/6 划入内蒙古。对"处理意见"中的界线走向作三处微调:一是将红碱淖东岸的界线略向西移;二是将红碱淖中的南部界线略向南移;三是有一处局部界线做点微调,将划入蒙方的陕西省一户村民划入陕方。

关于克珠尔滩(席芨滩)地段,仍维持原上报"处理意见"不作变动。即滩的总面积约 25 平方公里,陕西方约占 2/3,内蒙古方约占 1/3。据此,向国务院报送了关于划定内蒙古自治区与陕西红碱淖和克珠尔滩(席芨滩)争议地段行政区域界线及有关问题处理意见的批复代拟稿。

2001 年 5 月 11 日,中华人民共和国国务院以(国函〔2001〕49 号)文正式向两省区作出批复:

一、内蒙古自治区伊金霍洛旗与陕西省神木县红碱淖地段的行政区域界线走向为……(略)

行政区域界线划定后,双方跨界居住村民的行政管理以及双方的土地、林地使用,双方农牧民群众的用水习惯,仍维持勘界前现状。红碱淖水面的使用、管理,仍按双方协议执行。

二、内蒙古自治区鄂托克前旗与陕西省定边县克珠尔滩(席

茇滩)地段的行政区域界线走向为……(略)

行政区域界线划定后,双方跨界居住村民的行政管理以及克珠尔滩(席茇滩)草场的使用,仍维持勘界前现状。

三、内蒙古自治区人民政府和陕西省人民政府都要从大局出发,坚决贯彻落实上述裁决,并尽快联合制订落实措施。要做好有关方面干部特别是边界群众的工作,确保边界地区的稳定。

这是全国正式勘界以来,由国务院直接裁决的唯一一个界湖,而且在数个界湖中,其水域面积最小,其争议的解决最难的一个界湖。

小小湖泊,争议焦点

十一

勘界尚未全部结束
提前撰写篇"总结"

区划、地名、勘界三项工作同兼顾

右三：李宝库副部长；左三：作者

在区划地名司司长任上，由于工作职责关系，我每天（包括假日）都写日记。一是备查领导交办事项及完成情况；二是区划、地名、勘界业务工作处理便于保持连续性；三是参加会议或主持会议的所议重要事项，方便日后检查和督促落实；四是接待来人利于记事和廉政，不至于记不清或说不清。总之，写日记好处很多，尤其对我这个爱犯糊涂的人，容易保持清醒头脑而不至误事。

作者在宣传勘界政策

"2000年11月8日上午，国勘办主任李宝库主持勘界办主任会议，研究分析了全国勘界工作进度及存在主要问题，拟于近日向国务院领导专题汇报勘界情况"。"2000年11月15日，陪同李宝库副部长到国务院向司马义国务委员全面汇报了勘界情况，就所剩无几的省界未定地段，进一步明确了处理问题的有关原则。听取汇报的有国办秘书局四局傅绍林副局长、国务委员秘书鲍学全"。离开中南海之后，我就思考着勘界工作可以先搞个小结,把整体情况告诉全体勘界工作人员,最后再加把劲儿,年内争取把省界未定地段全部"拿下"。于是,我就开始编织如下给大家鼓劲儿的话,旨在动员全体勘界人员,要一鼓作气地全面完成勘界任务。

我的这篇"勘界工作小结",很快便发表在《中国社会报》上,现辑录如下:

涵盖中华民族历史的治国经纬之划

历史悄然进入20世纪末,新世纪的春风已扑面而来。本世纪末的最后5年,正是我国全面实施"九五"计划,开创辉煌伟业的5年。"九五"期间,中华民族有史以来第一次全面勘定省界、县界的治国经纬在华夏大地纵横铺开,至今经纬初成。

作者(中)在协调未定边界

经纬万方

汉扬雄《法富子·问神》有"经纬万方"之说,是指纵横交错的很多线。翻开我国现用地图,图上的确标出了横横竖竖的数十万公里的省、市、县界线。其实,这些边界线中真正有法律效力的仅占5%,业内人士称法定线;95%则是习惯线、争议线,是没有任何法律效力的。早在2200多年前,秦始皇统一中国,实行郡、县两级地方政权，开创了我国行政区划的先河。随着历代王朝的更替，虽有变化，但基本沿袭了秦代的区划体制。新中国成立后，我们沿用了历史上形成的省际行政区划，县级区划基本上沿用了清朝、民国时期的设置。历史上各个朝代区域管理都很粗略，边界划分一般是"四至"（东西多少里、南北多少里）和"八到"（在八个方位上定八个点），没有精确的边界线。至今我们所使用的地图，虽然标出了红红绿绿的边界线，但仅是权宜划法。

"四至""八到"也好，"权宜划法"也好，它毕竟不是精确的法定线。边界线不用法律形式界定，就成了道不明理不清的"国害"。国与国之间往往由边界纠纷引发边界战争；省、县界线纠纷可以引起双方群众大械斗。土地争议、草场争议、林权争议、矿产争议、水事争议等数不清的争议，不仅使资源遭到严重破坏，而且使百姓深受其苦。群众结怨、宗族成仇、民族遗恨，贻害古今。原国民政府中有识之士对此惊呼："厘正疆界乃国家之要政"，却想为而无能。中华人民共和国成立后，党中央、国务院对边界事十分关注，周总理、邓小平等老一辈革命家曾亲自主持调处过边

越过这道山梁
就是祖国西部的冰川地带

界争议。至1995年，时任总理李鹏在八届人大四次会议报告中提出"把省界、县界划清楚"。至此，勘界工作被正式列入国民经济和社会发展计划，写入国家的"九五"计划之中。

2000年是"九五"计划实施的最后一年。在党中央、国务院的高度重视，各级政府的鼎力支持及国家有关部委的精诚配合下，上万勘界大军鏖战5年，有史以来第一次全面划界，取得了辉煌成就:68条陆地省界长达62000多公里，已划定59700公里，占总长度的96.2%，其中63条界线完成了定界任务，42个三省(区、市)交会点均已确定。北京、天津、河北、辽宁、黑龙江、

作者(左一)陪同才让部长(左三)李宝库副部长(左四)
听取四川省欧泽高副省长(左二)关于区划调整作汇报

上海、浙江、福建、江西、安徽、湖北、广西、重庆、四川、贵州、云南、新疆、宁夏、吉林、江苏、内蒙古、山西22个省(区、市)的省界定界工作已经完成。31个省(区、市)长约413000多公里(未含港澳台地区)县界，已经划定408000多公里，占总长度的98.8%。至此，全国各省、自治区、直辖市(含各市县)之间共签署协议书11028份，文字累计9619.22万字;标绘出与协议书相配套的1:50000边界线地形图(协议书附图)65709幅，已在省市县边界线上埋设署名国务院的界碑29236座。这是多么浩瀚的工程，多么雄壮的伟业!

政清策明

"千古第一回"的全面勘界，没有铁定的划界行政法规依

十一　勘界尚未全部结束　提前撰写篇"总结"　189

据,没有明明白白、清清楚楚的相关政策,没有严明强制的组织纪律,没有科学规范的工作程序是难以实施的。否则,就是国民政府时期"勘界流产"的重演,就是"土地大战,一触即发"的轮回。对此,国务院领导十分清醒,在时任总理李鹏、国务委员李贵鲜的亲自倡导和直接关注下,制定了勘界工作的一系列法规。

1996年8月12日,国务院发出了《关于开展勘定省、县两级行政区域界线工作有关问题的通知》,即国发〔1996〕32号文件,详细规定了勘界的总体要求和基本政策。明确强调:这次全面勘界不是重新调整行政区划,是以行政区域管辖现状

研究城市规划设计

为基础,即核定法定线,勘定习惯线,解决争议线。技术要求是:通过勘界,在实地树立界桩,形成准确反映实际边界线走向的文件、资料和地形图。这就是说,法定一条边界线,必须具备三个要素:一是经国务院批准的两省联合勘定的行政区

域界线协议书;二是双方认可的边界线地形图(协议书附图);三是在边界线上埋设署名国务院、统一编号的界桩(界碑)。三者缺一不可。总的组织实施原则是分级负责、分步实施、先易后难。定界顺序是双方有协议的按协议划定;没有协议的按土地详查接边(不是工作接边)一致的划定;没有协议、土地详查不接边的,按双方上报的"80"图(1980年,民政部、国家测绘局通知要求各省级政区背靠背标出各自的省界图)标绘一致,且与实地相符的地段划定;前"三划"都不具备的,按实际管辖现状划定。个别的地段允许有"飞地"、"插花地",也可以用管辖权、使用权相分离的办法解决。划界顺序依次进行。

为了保持省级行政区域界线的大走向,山以分水岭为界;河(江)通航的以主航道划分,不通航的按主河中心线划分。其他以明显的地形标志物,如路、沟、堤、渠等划分。政策进一步明确:勘界是政府行为,不是"主权划分","不是资源划分",是行政区域管辖界线的划定。本着划界不扰民,不作区划调整的原则进行。要求各级政府坚持实事求是、顾全大局、互谅互让。在勘界纪律方面,各地必须维持勘界前边界地区现状,不得挑起新的边界争议。有争议的地区,当地政府必须采取有效的措施防止事态扩大。

由于勘界工作的政清策明,加以严明的纪律,为"经纬万方"

运送界碑

十一 勘界尚未全部结束 提前撰写篇"总结" 191

的边界线划定奠定了坚实的政策基础。加之各级领导的高度重视,完成中华历史"千古第一划"的任务,理应是顺理成章的事了。借用安徽省时任省长王太华的话说:"勘界工作很重要,要从讲政治、讲大局、讲稳定的高度,要从增强民族团结,发展经济,关心人民群众的利益和生命财产安全的角度,来看待勘界工作的重要性。由于界限不清,所引起的各种纠纷屡屡发生,造成人员伤亡和财产损失,影响了社会稳定和经济发展。勘界工作,只有在社会主义制度下,才能做好,其他任何政党都做不成这件事。所以说是史无前例的。"

处理勘界遗留问题

东至乌苏

西至乃堆拉

北至漠河

十一 勘界尚未全部结束 提前撰写篇"总结" 193

南至西沙

身先士卒

"身先士卒",这一成语的解释是作战时将帅亲自带头,冲在士兵的前面,现用来比喻领导带头走在群众的前面。我们共产党人,恪守党章要求,誓为党的事业奋斗终生;"吃苦在前,享受在后",党和人民的利益高于一切,这正是区别于其他政党的显著标志之一。面对几千年来遗留的这一历史难题,"九五"计划一定,国务院号令一发,勘界大军的层层领导无不冲锋在前。

国务院原勘界工作领导小组办公室的五位领导,时年长者58岁,年轻者42岁,均是司局长、部长,在1800多天里几乎跑

新疆维吾尔自治区副主席艾沙和青海省副省长喇秉礼在边界协议上签字

遍祖国的山川大地,哪里有坎坷,哪里勘定不下来,就迅速出现在哪里。年均百天以上在野外实地勘察是常事,奔赴过空气稀薄、人迹罕至、海拔5500—5700米的"无人区";穿越过"死亡之海"的塔克拉玛干大沙漠;曾在毒蛇猛兽出没的原始森林中展图作业,也在雪山、沼泽中跋涉踏勘。中央机关的如此,地方勘界办的同志便可想而知了。《中国社会报》在报道中对勘界办负责人、厅(局)长们作过这样描述:

——记河北省勘界办主任程鸿飞:"一鸿振飞天地间"。勘界千古第一回,伟业敢比日月辉。攻坚决战在此际,一鸿振飞不思归。晓出夜归边界线,残羹剩饭当大餐。为达万年稳定事,太行山上做猴顽。

——记山西省勘界办主任赵生平:"黄土地上走边人"。一年内她际遇人生家庭诸多关隘;两年内她踏勘走遍全省所有地市和50多个县区;三年内她誓夺5年勘界任务……泪水与汗水浇铸了女厅长的坚韧与不屈,面对崇山大壑、艰难险阻,她始终带着信心,带着期望,以无愧历史的责任感迈开坚毅的步伐,丈量着三晋大地的纵横阡陌。

——记内蒙古自治区勘界办主任王永命:"实至名归"。他连续在勘界现场工作了105天,解决了达40年之久的边界纠纷。划定了省区和盟市界线2800多公里。在工作和亲情之间,他首先挑选了工作;在感情与事业的天平上,他把事业看得重于感情。他说,勘界工作是我人生坐标中的

闽粤边界协议签字仪式

一个不可多得的机遇、挑战,我会义无反顾地把它做好。一条条界线的勘定,一座座界碑的树立,标志着政府得以依法行政,人民得以安居乐业。

由于篇幅所限,全国三十多个省级政区未必一一列举,仅以华北片作代表足以说明问题了。领导干部尚且如此,所属勘界队伍岂有弱兵。5年间的风风雨雨,艰难跋涉,这支勘界大军现已磨砺成精锐之师,可以说无坚不摧,无攻不破。云贵的"老黑山"、皖浙的"清凉峰"、豫陕的"小秦岭"、藏新的"阿克赛钦湖"、甘青的"黄河弯曲部"、青新的"茫崖矿"、湘粤的"猛坑石"、蒙陕的"红碱淖"……有的争执了几十年,有的上百年甚至几百年。大清的皇帝"颁诏"无济于事,原国民政府也解决不了。然而,在铁骨铮铮的共产党人面前,却一个一个地被降服。

召开全国勘界工作会议

的确,代价也是沉重的。广大勘界工作者忍辱负重,有的积劳成疾,有的流血负伤,还有的付出了宝贵的生命……

预言失灵

勘界伊始,国际上对中国的全面勘界不够了解,甚至产生误解,以为中国边界"有战事"。一些驻华使馆的电话直接打到国务院勘界工作领导小组办公室询问情况,中国国际广播电台的记者也来采访。对此,笔者曾在国际台"今夜星空"节目里对外作了说明。

祖国山河多壮美

外国人不了解中国的勘界情有可原,而台湾当局别有用心者却借机说三道四。1997年5月《"中央"日报》发表所谓大陆问题研究专家的文章,冠以大标题《大陆内部"领土大战"一触即发》,并武断预言:"北京开支票,最后不了了之"。称:据中共统计,50年代,全大陆省级地界纠纷不过是30多起,60年代上升到60多起,70年代又增加一倍多,为130多起,进入80年代则高达580多起,全大陆各省和直辖市,除海南岛孤悬海外,没有陆地界限,其建省时又与广东划分清楚了海界,其他全部无一幸免皆有地界纠纷。而县与县之间的地界争议更远远高于省级纠纷。土地,从来是中国人传统上最敏感的问题。争执起来,往往如同国家争领土一样,各地民众都激发强烈的"本土"感情,进行"护土"大战。在有的地界争议地区,经常发生大规模群众性械斗事件,每次械斗,参与者少则几十人,多则上百人,甚至数千人、数万人。肃然是一场"敌国"之间的战争,结果伤亡格外惨烈,损失巨大。中共国务院已决定用5年时间,完成所有的省界、县界勘界工作,这是一件难度非常大的工作,这是否又是一项"空头支票"呢?所以,"五年勘界完成"多数又是空话一句。

时至今日,全国勘界工作已是尾声,"土地大战"没有爆发,

十一　勘界尚未全部结束　提前撰写篇"总结"　197

大规模械斗没有发生。在各级政府的严密组织下,勘界工作在风平浪静中顺利进行。经过广大勘界工作者的艰苦努力,涵盖中华民族历史的"千古第一划",已取得辉煌业绩。

确定三交点之后

事实已证明"预言失灵"。百姓不仅没有"怨声载道",相反,正如深受争议之害的广西南丹县六寨镇村民与贵州独山县麻尾镇村民为彻底解决旷日持久的历史争议写下的发自肺腑的对联:"百年纷争,一朝化解,功德无量;千山遥远,两地平安,人民有缘。"

人民这个"缘"是靠中国共产党结的,是靠中华人民共和国政府结的,是靠全国各族人民和衷共济所结下的。国民党做不成的事,不等于共产党也做不成。国民政府的确曾打算"厘正疆界","将边界交错之地划归整齐,勿使参差"。并从1930年始至1936年止,在浙江、安徽、江苏等地组织了勘界,终因其执政无能,政派纷争,属下及百姓不买账,土地纠纷不断而"勘界流产"。以"三个代表"为立党之本的共产党则不然,只用5年时间,终其大事,彻底解决了这一历史难题,划清了省界、县界,以事实击败了"预言",以政治有为取代了执政无能。历史是无情的,但同时又是公正的。2000年11月27日,在国务院领导的支持下,有中央14个部委领导参加的勘界联席会议在中南海对收尾工作做出部署。对最后5条省界尚未贯通的地段,利用至年底一个

多月的时间,坚决地、以摧枯拉朽之势彻底解决。各勘界成员单位抓紧实地调查和协调工作力度,如果双方协商仍不能取得一致意见,由国务院最后裁定。这一气魄,充分表明了中央人民政府代表人民根本利益的坚定性和解决历史遗留问题的彻底性。纵观中国历史,舍我其谁?

全国省界、县界划定后,将抓紧做好管界工作,国务院争取2000年底出台《行政区域界线管理条例》,全面实现依法治界。同时,利用先进的科技手段,采用 RS、GIS、GPS 新技术,建立我国行政区域界线信息管理系统。全国勘界领导中枢所做出的决策,无疑将使数万勘界大军及全国边界地区的各族人民感到无比振奋和欣慰,一千八百多个日日夜夜苦战的结果终将宣告天下。"宜将剩勇追穷寇,不可沽名学霸王"。勘界句号尚未划完,勘界人仍需继续努力。"千古第一划"期待着最辉煌的时刻到来,让我们拭目以待。

2004 年 5 月 17 日我接到通知,到国务院参加全国勘界和界线管理工作会议。此时我已离开区划地名司近 3 年,调任外事司工作。但我还是满怀激情地出席了会议。从 1993 年至 2001 年,在历史长河中转瞬即逝的 8 年勘界,都在我脑海里留下了挥之不去,也可以说是刻骨铭心的记忆。毕竟,我和我的同事们共同走过一程艰难的漫漫边界路,而且是终生不悔之路,心情怎么能平静呢?

会上,由民政部部长李学举同志代表国务院勘界成员单位做了工作总结,国务院副总理回良玉同志作了重要讲话。为此,很多驻京新闻单位发了消息。《中国社会报》张丽霞记者以"勘界:惊天动地 治界:利在千秋"为题作了综合报道:

国务院5月18日召开专门电视电话会议,总结千年一划的勘界工作,表彰全国勘界工作先进集体和个人,部署行政区域界线管理。中共中央政治局委员、国务院副总理回良玉代表国务院向受到表彰的全国勘界工作先进集体和个人表示热烈祝贺,向辛勤工作的广大勘界工作者致以亲切问候。他强调,各地区、各有关部门要充分认识加强行政区域界线管理的重要性和紧迫性,扎实推进行政区域界线管理工作。

回良玉说:我国行政区划具有悠久的历史,但全面勘界在我国行政区划史上还是第一次。通过这次全面勘界,解决了一大批老大难边界争议问题,消除了引发新的边界争议的隐患,维护了边界地区群众的切身利益,促进了改革发展稳定的大局,功在当代,利在千秋。

回良玉指出,做好界线管理工作,事关勘界成果的巩固,事关边界地区的社会稳定和民族团结,事关边界地区的经济发展和社会进步。各地区、各有关部门要以"三个代表"重要思想统领界线管理工作,克服重勘界、轻管理的思想,切实加强领导,团结协作,开拓创新,扎实推进。

回良玉强调,各地区、各有关部门要全面贯彻实施《行政区域界线管理条例》,坚持依法治界,遵循实事求是、顾全大局、互谅互让的原则,切实维护法定行政区域界线的严肃性、稳定性,努力实现界线管理工作的法制化、规范化和科学化。要把开展界线联合检查、消除边界争议隐患作为当前界线管理的重点,开展界线管理信息化建设,推动界线管理工作上水平、上台阶,为边界地区群众的生产生活创造一个安定的社会环境,促进边界地区经济社会的全面、协调、可持续发展。

作者在勘界工作中遇到的千年古柏

勘界,惊天动地的历史答卷

千年一划。之后,共和国土地上省、县两级行政区域边界的纷争有法可依了。勘定省、县两级陆地行政区域界线,成为民政工作历史上极为辉煌的一笔,也是自秦始皇设立郡县制以来前无古人的伟业。

当普通百姓因各种资源纠纷发生冲突时,他们并不知晓这就是界线不清酿成的苦果。因为我国有史以来从未全面勘定行政区域界线,各个朝代对行政区域界线的管理都很粗略,行政区域界线不清的问题非常突出。新中国成立后,虽然随着行政区划的调整和边界争议问题的解决,划定了部分行政区域界线,但省、县两级行政区域界线普遍不清的问题仍然没有得到彻底解决。

据民政部统计,1987年底,全国省界中法定线占5%,习惯线占77%,争议线占18%,县界的情况大体相当。20世纪90年代中期,发生在省界上的边界争议突破千起,县界争议更多。很多边界争议问题历史悠久,情况复杂,矛盾尖锐,有的甚至发展成械斗流血事件,边界地区人民群众的生命财产安全受到影响,边界地区的社会稳定受到影响。

作者在勘界工作中遇到的罕见的野牡丹

解决边界争议势在必行,否则争议和纠纷还会继续发生并愈演愈烈。为此,1984年9月,民政部组织召开西北五省区解决行政区域界线争议研讨会,提出了全面勘定行政区域界线的设想。之后,结合全国土地资源利用现状调查工作,积极支持新疆维吾尔自治区开展勘界试点工作,推动内蒙古与宁夏两区进行核界,并组织专家进行全面勘界的论证工作。

1989年6月,国务院决定由民政部牵头,会同有关部门展开勘界试点工作,为全面勘界探索路子,积累经验。

1995年11月,国务院成立勘界工作领导小组并召开全国勘界工作会议,安排部署全面勘界工作,要求用5年时间完成省、县两级陆地行政区域界线勘定任务。

从1996年到2001年,全国省、县两级陆地行政区域界线基本勘定,共勘定省界68条、总长6.2万多公里,县界6400多条、总长41.6万多公里。

2002年集中力量解决了省、县界线上的一些重大难点问题，完成了勘界收尾工作。

历时14年，省县两级近48万公里的陆地行政区域界线，全部实地竖立署名"国务院"的标准界桩。同时，《行政区域界线管理条例》正式颁布实施。这一历史伟绩，解决了千年遗留问题，成为一项功在当代、利在千秋的大业。

作者在勘界工作中遇到的爬地松

在这一伟业史上，不能忘记的是那些踏遍万水千山的勘界工作者。这些被称为共和国"风雪立碑人"的勘界工作者，为勘定一条条省、县界线，他们说千言万语，跨越千山万水，吃尽千辛万苦，那竖立在界线上的一个个界桩，就是他们的一座座丰碑；他们风餐露宿，披星戴月，克服了难以想象的困难，有的还

作者在勘界工作中遇到的"一跳即上的树"

为此献出了宝贵的生命。全国有30多万人直接从事勘界工作，上百万人参与勘界事业，边界群众安居乐业的笑脸是对他们最好的褒奖。

上万起边界争议，在铮铮铁骨的勘界人面前，却化干戈为玉帛，清除隔阂，坦诚相见，医治千年的沉疴，彻底解决历史遗留问题，纵观中国历史，舍我其谁？

全面勘界，创造了历史，实现了我国行政区域界线管理方式的历史性变革。在中国历史上，第一次由中央政府组织全面勘定省、县两级行政区域界线工作；第一次由界线双方人民政府签订了联合勘定的行政区域界线协议书并有中央、省两级政府批复；第一次在实地竖立了署名中央人民政府的省、县两级标准界桩；第一次形成了一整套省、县两级行政区域界线勘界成果档案。全面勘界结束了我国行政区域界线管理被动、无序、粗放的历史，开创了我国行政区域界线法制化、科学化、规范化管理的新时代。

治界，行政区域管理的又一课题

回良玉副总理在全国勘界和界线管理工作电视电话会议上强调，行政区域界线是国家依法实施分级管理的依据。与勘界工作相比，界线管理是一项长期性的艰巨任务。做好界线管理工作，关系到勘界成果的巩固，关系到边界地区的社会稳定和民族团结，关系到边界地区的经济发展和社会进步。

治界的基础是勘界，边界稳定的基础是治界。界线管理工作，可有效防止和避免边界纠纷，有利于边界地区的社会稳定，有利于边界地区资源的保护、开发和利用，有利于边界地区民族团结和经济社会的持续协调发展，其出发点和落脚点都是保障边界地区人民群众正常的生产生活秩序，维护边界地区人民群众的根本利益。

边界不宁，事业难兴。界线勘定后，如果管理工作滞后，随着时间的推移，随着边界地区自然资源开发和利用程度的加深，边界地区有可能产生新的矛盾和纠纷，勘界成果就可能遭到破坏，边界地区的社会稳定和经济发展也必然受到影响，边界群众又将面对纷争。

国务院于2002年5月公布了《行政区域界线管理条例》。这是我国第一部规范行政区域界线管理工作的行政法规，是新时期行政区域界线管理工作的根本依据。贯彻落实条例，研究制定界线管理的具体规章制度，保证界线管理的每项工作、每个环节都有制可守、有章可循，是当前界线管理的首要任务。

界线管理事关百姓安居乐业，管理必须以维护社会稳定、促进经济发展、推动社会进步、增进民族团结的大局为重，从维护法定界线的严肃性的角度来处理问题，互谅互让，妥善解决边界地区发生的纠纷，维护边界地区的稳定，这是政府的希望，也是所有群众的心声。只有克服重勘界、轻管理的思想，及时加强界线管理，开拓创新，界线管理工作才能更上一层楼。

作者（中）到国家测绘局与专家、教授座谈边界线的数字化处理问题

定期对行政区域界线进行联合检查，是国务院赋予县级以上地方人民政府的职责，也是增强地方各级人民政府界线管理意识，强化管理责任，加强界线管理的重要措施。要进一步消除边界地区不安定因素的隐患，对约定了跨界资源利用的原则意见至今没有界定范围的，资源主管部门要尽快明确界定，避免引发新的资源纠纷。同时，要密切关注边界地区生产建设中出现的新问题，防范越界侵权事件的发生。要加强界线管理的信息化建设，实现勘界成果信

息资源共享。按照分级负责、分步实施的原则,积极推进省、县行政区域界线信息化建设,开发勘界成果社会化服务产品,进一步发挥勘界成果为经济和社会发展服务的积极作用。

我三年前发表的勘界工作"小结"——《涵盖中华民族历史的治国经纬之划》,现在看来,充其量仅是为了推动完成勘界任务的一种工作手段和策略。副总理、部长代表国家所做的勘界工作总结和讲话,名副其实地当是纳入中国边界史册的。

鸣　　谢

为什么写这本书,已在《写在前边》说过了,因是业余之作,只在空闲之时为了健身(更准确地说是为了健脑)才爬爬"格子",所以免不了时常求助大家帮些忙。因此,可以说是大家的共同劳动成果。

如果说我是执笔人,那么我的同事沈新华则是该书的谋划者。苏华先生从文字修饰到整体设计等等都是处处把关的,为了出得像本书,责任就全推给他了。我的夫人石明明,抽空就帮我录入书稿。还有吴振旭、张智慧、蔡捷、毛勇、刘泉、陈倚、李柏明、刘向阳、金玉、张亚先、胡小勇等一些同志,帮助我做了很多辅助性工作。书中所提到的一些主要当事人,都帮我在叙述事件的真实性方面把过关。借此,一并向为此书做过贡献的挚友、亲朋和同事,表示最诚挚的谢意!